學會手相學的第一本書 2

亞洲最大命理網站
「占卜大觀園」命理總顧問
陳哲毅◆著

關聖帝君賜序

基隆普化警善堂 正主席 關聖帝君 降

【九十四年農曆正月十五日夜九點三十六分】

詩曰：雞啼引鳳喜迎春
新書付梓藏乾坤
撰述相學揭神秘
可比命譜枝芬芳
語多珠璣字字妙
生動活潑似酒醇
引申融通放異彩
分門別類序序分

夫相學之傳乃我國自古有之，流行於世已歷五千餘年，因人生活在廣大無垠的宇宙

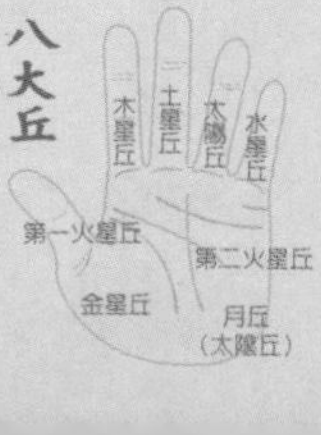

裡，俗情凡緣，紅塵滾滾，似鏡花水月，名利恩愛，萬緣情困，人情似曲水，事事亂如麻，冷暖自知。

古往今來，人情勢利，有如風雲之變幻，天運之循環，有似日月之推遷，問蒼茫大地？對酒當歌？朝生暮死，榮枯氣運雖有定數，榮者忽而遭枯，生者頃刻而死。

人生幾何？古往今來，人生猶似天地間之浮雲蹉跎過客，來也空空，去也空空，來也匆匆來，去也匆匆去，滾滾長江東逝水，走過人生的大舞台，凡塵苦海，囂囂世境，花花世道，在面對生存與死亡的環境裡，正面臨著有恐懼、有憂慮、有迷惘，也存在有多少的悲歡離合，其恐懼的是更要面對大自然的天災與人禍以及人為的劫數與禍害。其所憂慮的是人生一世，草木一春，其間更要面對生命青春衰老死亡以及無止盡的迷惘。

人生壽夭本無常，白雲過隙歷盡滄桑，昨日街頭猶活馬，今朝棺內葬荒坵，轉眼白頭心已老，何須計較夢一場，在面對束手無策及人生真諦的幸福與安樂之中，其人生前途真正指標又在哪裡？

苦海茫茫，孽海萬丈深，凡塵千尺浪，生從何來？死由何去？人間多變，滄海桑

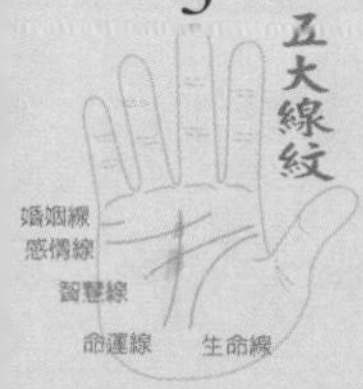

田，浪花淘盡英雄，酒地花天，無非迷癡之鄉，秦樓楚館皆是限迷之窟。

囂囂紅塵癡迷醉客，其中醒者有何幾人？是非成敗轉頭空，青山依舊在，幾度夕陽紅，古今多少事，都付笑談中。

證諸歷史，鑑古觀今，在歷史上不斷循環著往復軌道痕跡，然而時間、歲月更給了世人莫大的哀嘆與悲切。

由此可知，亙古以來人類本身就生命兩字之定義以及感觀就帶著極複雜的心情，其人生更令人感到寢食難安？

尤其在滄海浪中其生死輪迴的因果，也讓人生更迷惘不已？有的人懷才不遇，時運不濟，謀事未通不如意，行船又遇擋頭風，愁眉難展，走遍江山千萬里，枉費徒勞，用盡心機，又可比黑雲掩月，又似如花開凋殘。

一生虛名、虛利而不成，浪跡萍蹤以過半生，真正是馬有千里之行無人駕馭不能自往，雖雖有雙翅但飛不如鳥？

多少的無奈、多少的鬱卒，又有多少的英雄氣短、仰天長嘆，及多少的有志難伸，因而困累而落於貧賤了卻一生。

八大丘

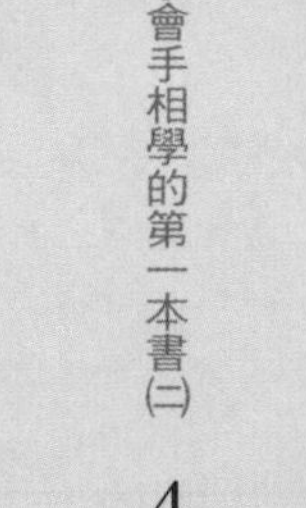

其人生一世的存在，又草木一春的歲月軌道痕跡，其間尤其更要面對生命青春、衰老、死亡以及無止盡的迷惘，有的人早夭，其因果兩字以及前世、今生之業障何其所在乎？

有的享大年，有的卻遭遇到橫禍厄劫而死，一樣生，百樣死，以及無法所預知的人生命運遭遇。其人生生存與死亡的悲歡離合，到底真正的指標在哪裡？人生的超越生命又在哪裡？其人性的真正解脫又更其何所在乎？

其間是只知其然，但終究不知其所以然。尤其在面臨人生痛苦與其複雜的環境中常常呼天搶地、仰天長嘆、默默無語問蒼天！

雖然明知生命是有其極限，其間的人生以及生命的昇華、人格的尊嚴，又更何其所在？

世塵眾生每人均知人的生命是處在有限的時間與空間裡，尤其在生命的顛峰後，在浩瀚的宇宙時空裡，卻又顯得多麼的渺小。

其生命內體的衰腐、退敗、蒼老、衰竭更是存在無法抗拒之事實，明知其生命是有其極限，但其人生卻要時時刻刻面對大環境、大空間、大時事的挑戰，其間存在著多少

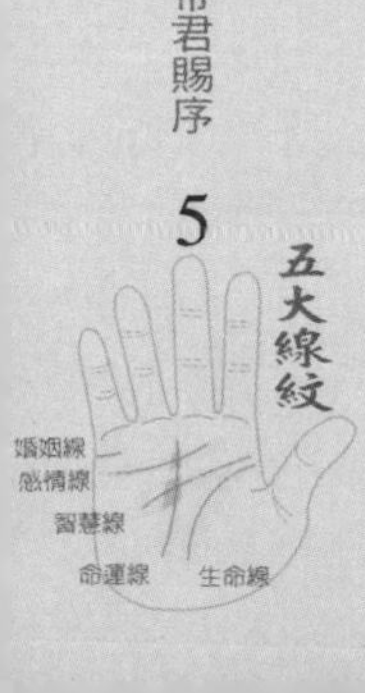

事實，但卻是無法改變，而更顯得茫然無知的迷惘。

因而由以上可以明顯得知：一個人生長於世塵，對於自己的未來命運將會如何？相信任何人都會介意的。

雖然了澈知悟習慣可以決定命運，性格更可以決定成敗，不同的文化背景、素養更可以造就不同的性格。

命運並非天定，成敗自在人為。

但性格「心態」兩字卻是決定成敗的關鍵要素，也更因而使每一個人更想要知道人生命盤、命格、命局、人相學、手相學、面相學的評估與規畫。

也更因而帶動了預知未來學的研究，預知未來學之中不但涵蓋占星術、八字、易經、卦象、五行、陰陽、河洛、紫微斗數、周天易數之範疇，藉此天地、陰陽、五行、天星化驗能進一步的了解探知世界動向、社會變遷，人相學、手相學更是屬於其預知未來學的一朵奇葩。

考於人體之手相學之肇端，流行於世已歷數千年之傳承歷史，且更歷經歷代專家學者之印證推闡盡致，其手相更是為整體相法之一部。追溯其源更是為特種相法之一種，

八大丘

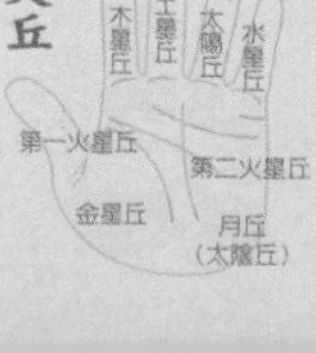

更有其悠久的歷史文化背景，因手面相學是屬於人文科學的範疇。

人相學的基本理論乃在於研究人的五官體態外貌的面相，以及體態行為的骨相、痣疣的痣相、手足皮紋的手相。

而面相學主徵在研審、判斷、透析、解悟觀察一個人的面相性格，能從相貌五官及態度、舉止、動作、行為表情之徵兆而知悉人性的忠、奸、善、惡，進而判斷其一生的富貴貧賤。

從有形的氣質、氣色來推斷其人性的內心與性格之差異，面相密鑒其本體就是一本典型的人相學，它是經過歷代名家之縷述、編撰、述記，又經過多少人的體驗、應證累積所達成的一種共識，更從經驗的傳承「有諸內必形於外」的體相外在表現，剖析知己知彼百戰百勝，並增長理解在現實世紀生活複雜變化多端、爾虞我詐、鉤心鬥角的社會裡，惟有真知自己，才能確識別人，為使自己不被算計、利用。

世塵眾生若能藉由人體相學、手紋相術看清那些虛虛、實實、真真、假假的人生百態，認清自己、了解別人，並且能謹慎小心的探測，達到知人善用、適才適用、坦然面對現實，知道如何創造自己、檢視自己、知悉規畫未來、知曉確立行動方向。

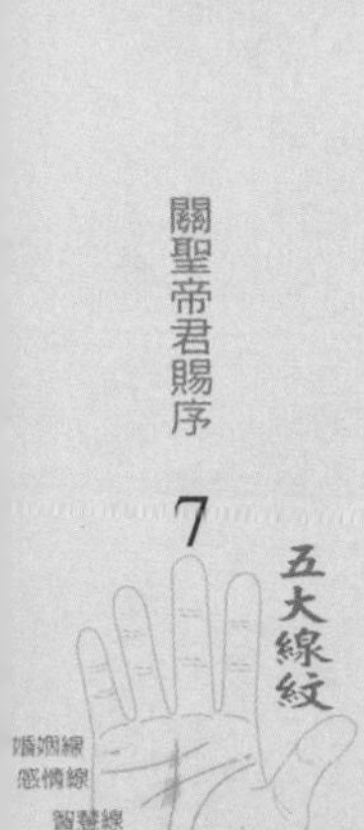

八大丘

進而開拓視野，更新思考，學習過去，重新領悟曾有過的經驗、歷練，並能從錯誤中學習引導生涯掌握舵盤，改變思維，掌握時間，策勵自己，提升能力，衝破困境，突破心理障礙。

面對過去，時時提醒自己，刻刻調整自己，培育前瞻觀點，掌握大環境，創造自己，扭轉乾坤，蓄勢待發，自信的導引自己航向人生大海，反敗為勝，並進而減少許多家庭、社會的問題與糾紛，這才是一切事業成功秘訣、萬般力量的泉源。

然而由此可得知：世間萬物皆有其形，皆有其象，古之聖賢察其人則必觀其相，觀其形則必知其性，知其性則必盡知其心，盡知其心則必知其道，觀形則善惡分，識性則吉凶顯著。

手面相之真訣在此幾字有心無相，相隨心生，有相無心，相隨心滅，斯言雖簡，實乃人倫綱領之妙，俗謂「人心隔肚皮」，人之忠厚正直、奸佞邪惡，非有明見秋毫的英明人物，實無法知其察覺。

因人與人之間的遇合，不僅僅有才情氣質的相生相剋，也更兼涵著得勢與失勢潦倒的遲、速、早晚、時間在內。

古鑑明示心者：乃貌之根，若能審心則善惡自見；形態本乃心之發，因而相隨心生、相隨心滅、觀其行必能透曉禍福之吉凶徵兆。因心地是為人類品格、行為、心態的發源處，更是人體真正靈魂的真面貌，人與人之不同處是在其心地，因善惡在心而必顯現於形貌。

前言心者：乃貌之根，審心而見善惡自見，觀形而正邪可知，古人之察言觀色，鑑其貌而觀其心，至於心地則更有大大之不同。

人心可大可小，大則廣闊浩瀚無邊有若似海，小則淺窄如沙，有的人身不滿五尺但而雄心萬丈，亦有人碩然體軀，而心量淺陋有若鼠膽。而世塵眾生明知了悟人的身軀是無法限制本身心地的發展，而其心地必能影響其心境體軀的過程。

其心相的氣概一動一靜、一進一退即是所謂的相隨心轉。

心鏡篇云：「論相貴賤在於首注觀其形、身體貌相，賢與不肖在於察其心態動靜作為，因而由上更可以得知，辨人之邪正可查其相貌，形貌其妙在神之聚也，其神就是所謂神、氣、色也。」

神就是精神，其在人體內是三者一體互相表裡，亦就是其體貌相學所言的精、氣、

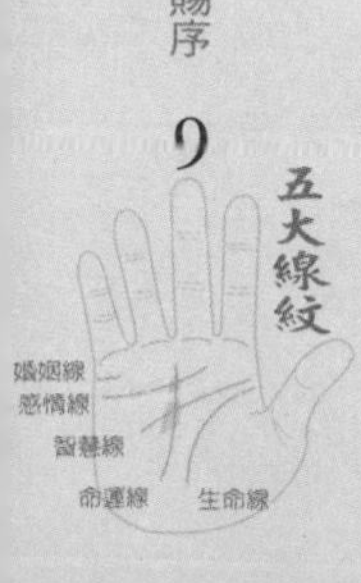

神，有神才有氣，有氣然後才有色。人相猶重在神氣外形，相學之妙教人凝神聚氣，則必保康泰怡然，人的貌相必然要有神氣方能成形，體內之精本藏於體內。

氣更是魂魄靈源之導引，倘若人體相學有其神而無其氣，又無其色，其人之精氣神必是為氣所壓抑。若有其氣而欠其色便是人相學內所謂之氣滯，因氣色是為人體之顏面血色，有若草木之能量是得於太陽之精華、天地之雨露，則枝葉根莖必茁茂而壯。

神相篇云：氣為神之子，神為氣之母若神與氣不相接則謂之色泛，若能引氣相舒其精必態，其神必氣，方能茁壯枝翠根莖有似草木不致枯萎凋零。

氣色學又在相學冰鑑秘笈上佔了相當重要地位，這一門學問更是深奧異常，而且又包涵了中醫學的五行相論。

但有關於氣色兩字是有很大的區分，一曰氣、一曰色，氣與色是不同，氣在內、而色在外，氣屬實而色屬虛，因氣乃從人體身體骨節所導引而發於體外之形，而色是從表皮、面部、皮肉所引現而顯的一種變化。

因而更可以知道氣是從骨而來，色乃由肉而現，有色無氣不發，有氣無色不榮，時下眾生若有人能詳研觀氣辨色，必能察知斷咎人的榮通，吉凶禍福徵兆。

八大丘

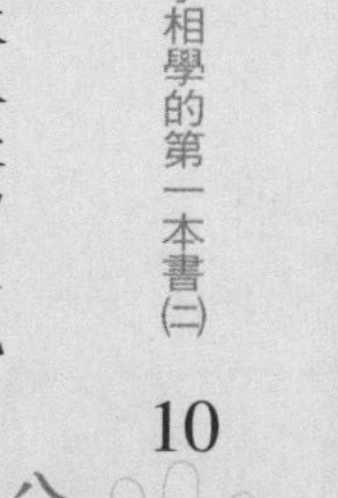

古云：「人體七尺之軀，莫如一尺之高，一尺之面，不如三寸之鼻，三寸之鼻不若一點之心。」辨人之邪正有其四端：

一曰相貌乃神之聚氣也。

二曰相言語，言語者乃神氣內引發也。

三曰相舉動，舉動者乃行為心態之神用也。

四曰相行事，行事乃察其神、觀其色，必能明確考察推斷忠奸賢愚、富貴貧賤、壽天窮通等等是相人的最高境界。

而且能量才而用，由此可見人相學之術，看相是一種學問，也可說是藝術與科學的綜合。

因人體之人相學、手相學不僅是科學的，而且更是一種綜合的科學。它包括了哲學、統計、生理、身體、五行、醫學、病理、衛生、解析、遺傳、營養，以及一個人的膚色、形貌、外體、內相、氣色、氣質、性格、疾病種種。

換言而之人類會因個人之個性、行為、血型、遺傳、基因、運程、健康、婚姻的稟賦不同，容貌有別而顯現自身不同的造化。

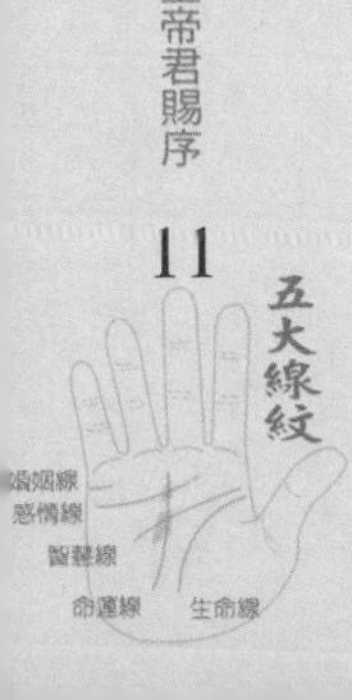

人生順逆本無常，每一個人一生中均有可能茫茫然而更不知其所以然？又當面臨坎坷身處逆境？運背顛沛？事端叢生？強顏歡笑？官殺剋洩？歲運不濟，看不到未來？摸不到遠景，試想人情之反覆？當決不決？愁眉困頓？百般無奈？翻來又覆去的逆境時？若能提早有效的預知防患於未然。

而藉由老古祖先的智慧經驗化開逆境，使自己更能審慎處理逆境，反敗為勝，改造命運，雖然「行為」兩字可以決定一個人的命運，但性格特性更是決定命運的要素。人之氣質本來自於天生，本難改變，但可藉由人體相學線索，使我們更能認識自己、體悟自己，進而改造自己。由以上而論人相學、面相學、手相學，既能得知判斷先天的命運，也更能看出後天的大運命勢流年。

尤其在人們的群居生活中，此行學問、學術、學理是充滿著實用的價值，然而手相學更是世界所公認又是一種神秘不可思議的大學問。

證諸史籍考證源流文獻，可藉由手相之神秘進而探索天體，觀察星座天象，其學問研究更涵蓋了人類全身紋路與命運之間之攸生密切關係，更與手掌之筋肉有其神秘不可思議的運命關鍵。

八大丘

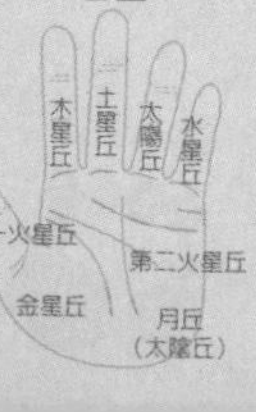

手相學以往之人認識不深，往往為習科學者有所議論之，手相學本為相書，相法之一部，追溯其源蘊藏陰陽五行，亦包括了生理學、醫學、心理學、天象星學種種，且手相學亦為超越理論之神秘學。

然此手相、手紋之學問，在科學上並非無根據，手相學之研究，可分為兩部分而定之：一是究掌紋現象，詳審分辨細悟領會心悟而判斷其人一生之吉凶禍福徵兆，以及過去未來之命運而簡稱手紋學。二就醫學、科學、生理學、疾病學、人類學、基因學而切入以觀察其手掌、手指、手指甲之形狀、變化，以判定人之體格、性質。

人相學中的遺傳簡稱手形學，在於生理學、心理學以及中國古漢醫、醫宗寶鑑內均有其系統、體會、經驗之顯著的可資證明，其一部分之手形學、掌紋學更是為科學界、醫學界幫助甚大。

近今之資訊科技醫技日新月異，基因遺傳已經突破，世塵人生所見用的一切有形環境空間、環境物質，較之以往不可同日而語。尤其近代科學的昌盛文明，若談以手相、面相、人相、骨相、氣相、色相、體相學或許有人會以迷信妄言或以排斥視之。

但若進一步試想：例如犯罪科學之存檔指紋法、病理醫學之手相診斷病症法，因手

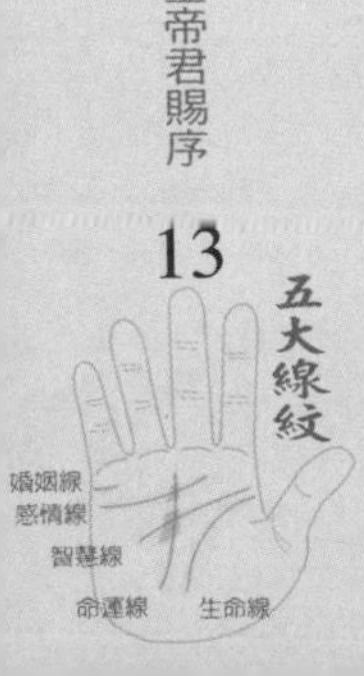

形掌紋內藏天機，其間更顯示個人身體上之缺點。

腦雖為人身之主宰，手卻是執行腦意志的主要驅使工具，其關係之密切，自不待言。因手形掌紋之不同，必自然的顯現反應出每一個人的不同行為、不同的頭腦、不同意識的腦波。

而且手更與人生行為、舉止、動作、習性有密切連帶的關係。人之腦乃發號司令之總樞，如就生理而言更從反證方面的探索，若依據人體解剖學之發現，其人體之手掌神經、腳掌神經，除腦幹外，較之任何一個部分為多，且手之勢樣又較之身體任何一個部分尤為靈活。

換言而知；自古至今人類能夠利用環境、利用大自然，世界不斷的進化，科學更日異求新，指紋學雖能夠引證犯人之物據，已為當今全世界各國所公認既有的事實，但仍欠缺推斷人的一切命運之功效。

乃因指紋學其實乃手相學之基礎一部分耳，古聖先賢依經驗累積加以科學的統計、歸納、比較、分類、類比、演繹、印證所得到的結果，曾細心領會心悟看相八大準規綱領：①功名看氣宇氣魄；②富貴事業看精神；③邪正看眼鼻；④真假看嘴唇；⑤膽識看

八大丘

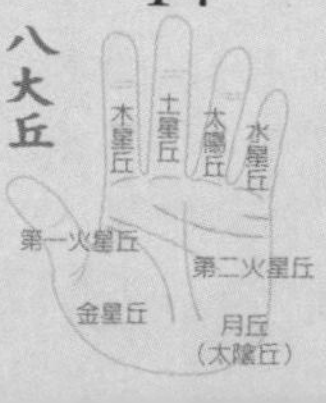

掌指；⑥風波看腳跟；⑦壽夭看指爪；⑧若要看條理，盡在語言中。若根據上述原理，則腦與手不僅僅有密切之關係，更是何等的密切，其所謂的有動於中，必形於外，是在研究探討以此類推，人可以察其外表而推化知其內心。

其內心實乃心之根器，乃心之本貌，外表若以推因及果盡在於外相手形掌紋之中，世上眾生更可以斷言領會人若無腦，則難為力，有腦而無手不為功，腦為中樞神經之總樞，亦若無手之執行，是絕少有實現成功的希望，故曰「雙手萬能」。

至於手形、手相與掌線紋，更會因個人的手相、手形掌紋之不同，必然會反映出不同的頭腦。

因世界上手形、手相與掌紋，絕少有相同者，而手形掌紋學的形成更是透過統計學的數據依理，累積探討逐步發展而成，不但自然而且更巧妙地將實踐的形路與中國古老最高哲理精髓周易的陰陽天地五行、八卦等學說緊密結合在一起。

且又留下透過不斷尋循經驗的記載證明，其間的鑑貌辨色、分辨邪正、透視人生、審斷吉凶禍福、預卜前程、知其榮辱，進而可以用歸納法、鑑識法、分析法、系統法，作為整體性的闡述人生明鏡指標，並能透過人相、手相、面相、骨相、掌紋學之精釋，進一步的真正了解到自己手面相的性格與本身的命運。什麼樣的手面相掌紋格才是成功的心態關鍵，怎樣的人體手面相、人相學、掌紋學才是失敗的性格？更進而知基積於以上的種種論述而可以防患預知如何改變性格與命運？

更進而領悟透澈其間的觀人術，而達到如何掌握自己的性格命運，改變自己的秘法。

由此觀之，今特欣喜陳生哲毅了透知悟數理五行、生逆順化生剋互動、陰陽體境，深入探索行運盛衰之理論，知曉命是根本，運才是一個未知數，命確實是先天之因果業根宿緣，運是後天時間與空間之組合變數。

人生的生命變數，枯、旺、盛、損、益、生、長、衰、痛、死、絕、滅，以及過去的榮枯、順逆、吉凶、禍福、清濁變化、富、貴、吉、壽、子、妻、財、祿、長相、個性、氣質、事業、婚姻、財運、健康，必有與其息息相關之互應。

哲毅又從中深刻領悟配合現代適應潮流，匠心匯集，痛下工夫，有計畫的驗證、演繹、通曉訣竅，學以致用，嫻熟變通，把握癥結，加強求變，取材改進發明，蒐集廣泛溫故知新，超越命學以務實規則打通困頓，精研力爭上游，提升命學觀念之轉變，大膽

八大丘

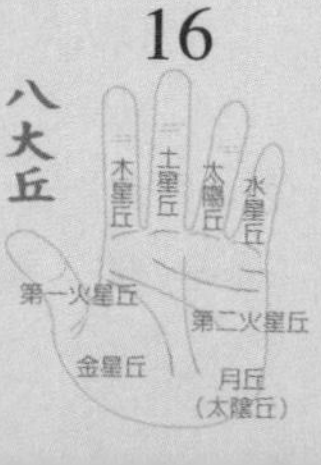

的變通時趣，自我磨練，縝密的融會貫通，有條不紊以務實的規則，埋首耐心撰述繕寫，並降帳設硯解惑，彙整集編。

今又甚喜繼《學會面相學的第一本書》後又續出新書《學會手相學的第一本書》、《學會手相學的第一本書2》付梓行世再次啟開命相學之實證說明，又能深刻體悟，擇其精要，潤飾人體手面相學之傳學薪糧，再次編排撰述，其哲毅之神思超然，其哲毅之編排先後呼應，加以運用分析、整理、歸納、分門別類、獨闢精湛，引申融通、通便達用，深感新書續梓，其用心之真摯特於雞春乙酉歲頌雞鳴引鳳，竹報平安，桃符換歲，天下皆春，花開春富貴之良辰。

欣喜天赦

上元元宵曆歲年豐，喜神轉乾坤，報春喜慶，五福臻興，萬象更新，人神同樂，運啟天地開泰之照，再次為新書《學會手相學的第一本書2》付梓之喜謹述點綴數言，以次為序。

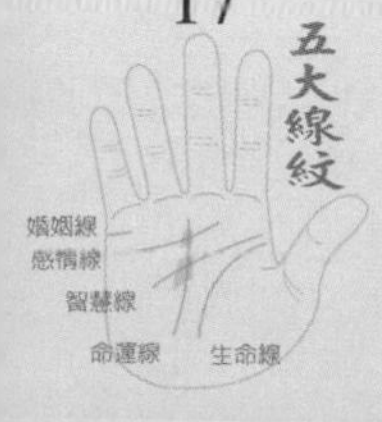

手相與姓名學

常言道：「相由心生、由隨心轉，心轉則相變、相變則運變」。說明了相的轉變絕對可以透過修養來加以改變轉好的，並不是先天就註定而保持一定的樣貌。這其實就跟人的運勢差不多，當在走旺運的時候，經常眉開眼笑、心情爽朗，所給人的感覺，自然就有人緣，能夠吸引桃花，做什麼事情都無往不利，沒有什麼阻礙、煩惱，反之，若是走衰運的時候，經常愁眉苦臉、鬱鬱寡歡，讓人見了就討厭，而不想加以親近，人際關係就會疏遠，自然就沒有貴人來幫助，只能夠靠自己奔波勞碌，因此能夠讓心情保持愉快，觀念、想法保持快樂，相貌就不會差到哪裡去。

但是相要能夠有人緣，一定要透過心來維持，但什麼是心呢？答案很簡單，就是人的個性而已，個性就是心的綜合展現，像是交友的態度、事業的競爭、財富的運用、家人的相處等等，無一不在此範圍之內，而且從這些的地方細節的表現，不僅能用來推斷個人相貌，更能夠推斷其命運梗概，所以如果能改變相貌，命運自然就會改變，而要想改變相貌，就要先改變個性，個性一旦轉變，其他就跟著改變，而姓名學能夠改變個性，具有一定程度的影響力，因此不但能改變相貌，也能幫助改變命運。

在手面相方面，面相的改變會比較迅速，尤其是觀看氣色方面，幾乎是每天都在轉變，而手相的話，變化沒有那麼明顯，不過隨著時間的累積，掌中紋路的走向趨勢，也跟著會有所改變，甚至有些原本沒有的紋路，也會慢慢的清晰浮現，所以說，從手面相看命運的話，命運是隨時在改變的。在此有人會提出質疑，若相能夠隨姓名改變，那麼是否有最好的姓名，而有最好的相貌呢？要知道萬物都有其法則，很多事並非人所能掌握，還是會有宿命的地方，但那並不是人要爭取的重點，姓名學雖然不是萬靈丹，但最主要是輔助工具，能夠導正偏差觀念，約束內心慾望，讓行事能接近中庸，不會顯得大起大落，人生旅途平順而行，至於功名地位、榮華富貴就不要太過勉強，各憑本事與福分，平凡自也有平凡的好處，不平凡自有不平凡的難處，人要懂得知足常樂才好。

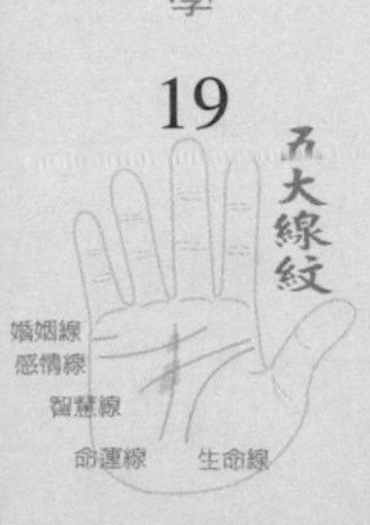

手相學的序言

在手相學方面，西方的研究統計多半跟心理學有關係，反映其人的處世態度以及潛藏的能力、壓抑的慾望、身心的疾病，而東方的手相學很重視實際驗證，觀看為人生活的狀態、情緒的表現、處事的手腕等等，彼此有所長，沒有絕對的結論，從基礎上去學習觀看才能夠窺探其奧秘，讀者需要多加練習，自然能夠知道端倪，實際運用於日常生活當中。

觀看手相跟面相不同的是，面相比較具有立體感，五官輪廓比較清晰，而且範圍會比較廣大，需要記憶較多的部位，而手相較為平面延伸，起伏沒面相那麼大，重視掌形與手指、紋路及丘位，位置沒那麼複雜，三大主線與八大丘位，判斷上容易許多，但平常在使用上較難觀看，所以沒有面相來得實用，但也不失為識人的依據，準確度不會比面相要差，反而能更直截了當說出個人的心思反應。

生命線

代表個人先天體質、抵抗力的強弱、意志力的展現、對環境的適應力、家庭的背景

八大丘

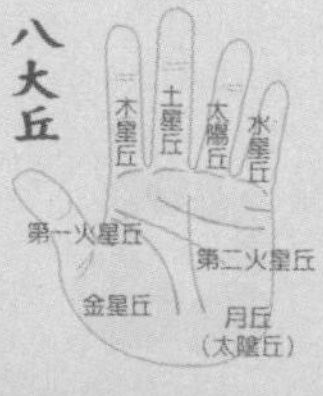

好壞、人際交往的手腕、旅遊外出的趨勢、遇到災禍危險的可能性。

理智線

代表個人聰明才智、行為舉止、創造發明、判斷處理的能力，對事物的邏輯分析、與人合作的模式、自我約束的能力、遇到困難的時候所採取的態度。

感情線

代表情緒的反應、脾氣的發洩、藝術欣賞、生活品味、交往對象的選擇、跟異性的相處模式、戀愛的進展情況、對挫折失敗的感受、對精神生活的追求。

事業線

代表個人的企圖心、慾望追求、物質掌握能力、財富運用程度、領導管理能力，溝通協調的模式、競爭壓力的來源、對危機的應變處理。

例如紋路的深淺、長短、走勢、分支、清秀或複雜，用肉眼觀看就可以知道，並說明其紋路的好壞，像是先天體質的好壞、生命力是否旺盛、對環境的適應力如何，在生命線上就可以反映出來，如果是太過短淺、中途有間斷，或是紋路雜亂的話，就知道為人體質不佳、容易過敏、常常生病、對環境適應力較差……，反之，如果要觀看感情趨

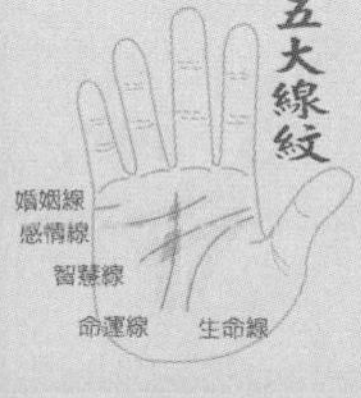

勢，就以感情線為目標，如果紋路深長、彎曲適中、沒有分岔或雜紋，就表示為人感情平順，不會有什麼阻礙、煩惱，能夠順心如意的發展戀情，如果換成面相來說，要判斷較多部位，才能夠得到結論，但手相就沒那麼複雜，可以直接看掌管的紋路就可以。

八大丘

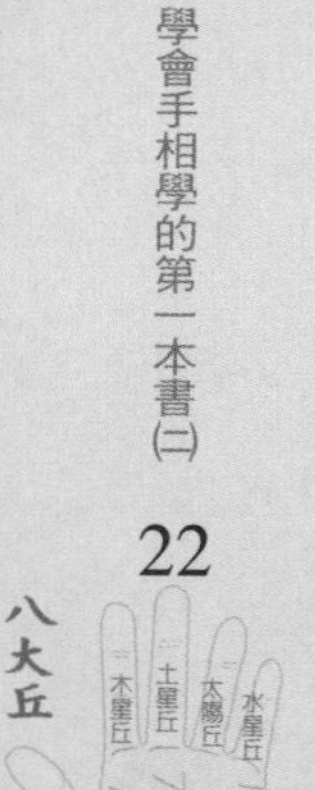

自序

手面相學是簡單方便就可以入門使用的學問，是值得加以研究推廣的，學習面相學的第一本書推出之後，就受到讀者熱烈的支持以及迴響，在各方都讚譽稱頌的情況之下，才又焚膏繼晷、揮灑著墨，趕緊推出手相學的入門書，讓大家能輕鬆學習手相，對實際生活有所幫助。關於手相學內容方面，指型手相、線條紋路、掌丘分布，若能掌握訣竅原則，其實很簡單易懂，沒有想像中那麼複雜困難。而手相學跟人個性、運氣有關聯外，跟「中醫」也非常有關聯，一些潛伏隱藏的疾病因子，從手相當中就可以看出來，若能及早發現的話，說不定能夠預防某些疾病，防止其嚴重惡化的結果。關於這本手相學的推出，承蒙吳明修老師長期的關懷照顧，還要感謝南投竹山的李氏兄弟，李春松、李信志兩人的指點切磋，春松兄擅長於卦理，能夠直斷吉凶，讓我對卦理有更多的了解，而信志兄對於藥草醫理的了解，更讓我大開眼界，其診斷醫療的手法更是獨樹一幟，在觀看他人面相氣色，開出對症下藥的藥草後，更運用「符籙」之學來加強療效，在讚嘆之餘，也使得哲毅不時拜訪請益，對於其所學有更多啟發精進，而豐富了本書的

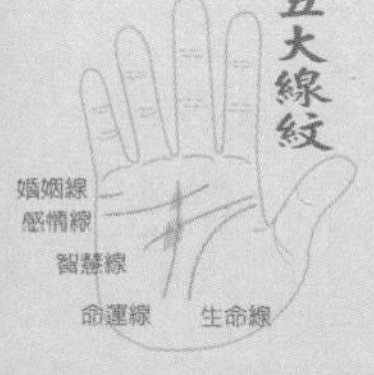

八大丘

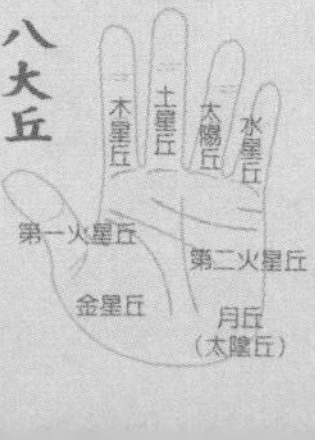

內容。

除此之外，也感謝之前出版姓名學的時候，基隆普化警善堂的簡火土道長的幫忙，能夠彼此交換心得，特別是「關聖帝君恩師」親自降筆賜序，對於哲毅的姓名學讚譽有佳，並且點明開示不少人生道理，讓哲毅對於姓名學有更深刻的了解，在掌握判斷人性方面，會顯得更加小心細膩，並且認真的研讀學習。而最後要感謝的是「紅螞蟻圖書公司」李錫東總經理、「占卜大觀園」嚴立行總經理，在經濟這麼不景氣的時候，願意在背後大力支持、贊助，並且加以推動、叮嚀、照顧，讓哲毅的著作能夠順利出版，從姓名學延伸到其他學術領域來，而個人的網站也在今年如期成立，呈現出多樣化的面貌，使得「亞洲個人最大真人影音命理資料庫」的願望能夠實現，並且不斷的在成長茁壯當中，哲毅實在是非常感動欣慰，也希望能夠繼續奮鬥打拚，讓傳統五術能夠宏揚世界，不辜負大家的期待盼望。

資料庫網址：http://www.eproname.com/

目錄

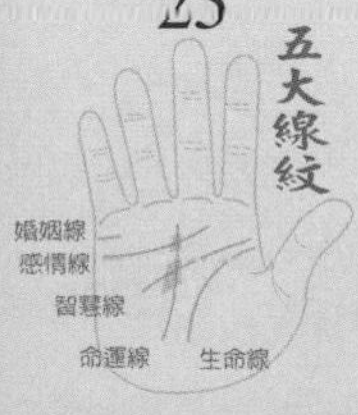

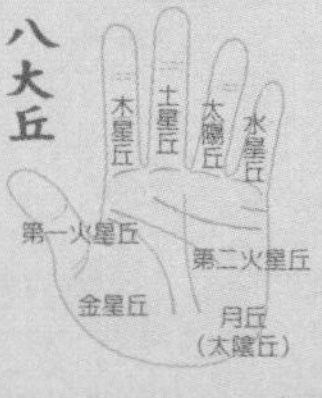
八大丘
木星丘
土星丘
太陽丘
水星丘
第一火星丘
第二火星丘
金星丘
月丘
(太陰丘)

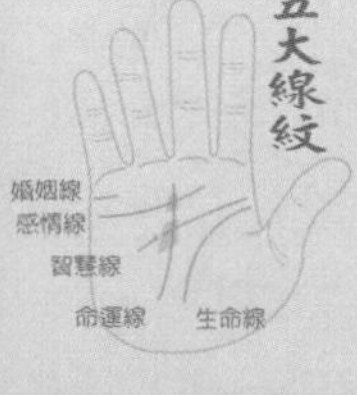
五大線紋
婚姻線
感情線
智慧線
命運線
生命線

八大丘

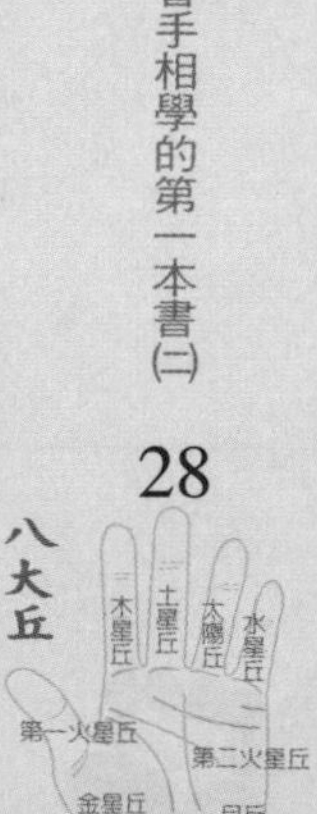
木星丘
土星丘
太陽丘
水星丘
第一火星丘
第二火星丘
金星丘
月丘
（太陰丘）

八大丘

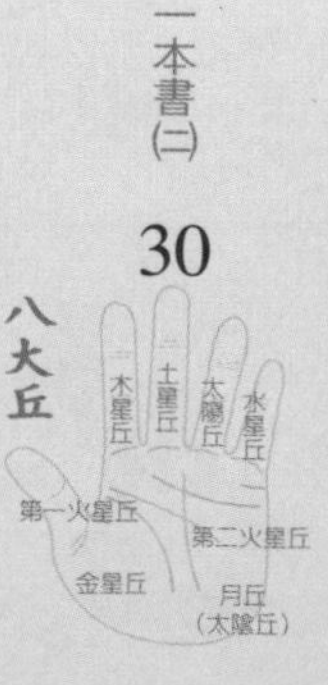
木星丘
土星丘
太陽丘
水星丘
第一火星丘
第二火星丘
金星丘
月丘
（太陰丘）

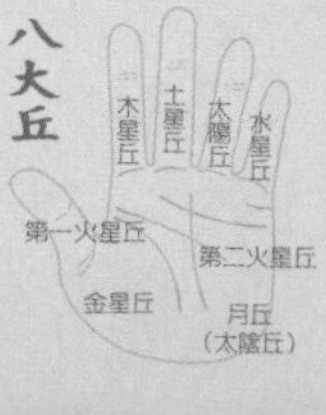
八大丘
木星丘
土星丘
太陽丘
水星丘
第一火星丘
第二火星丘
金星丘
月丘（太陰丘）

八大丘

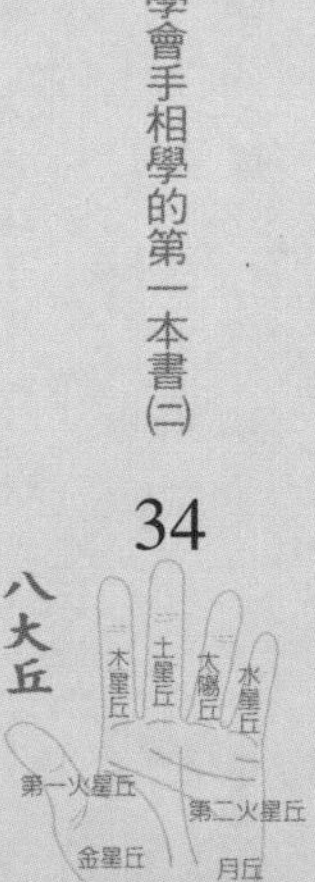
木星丘
土星丘
太陽丘
水星丘
第一火星丘
第二火星丘
金星丘
月丘
(太陰丘)

八大丘

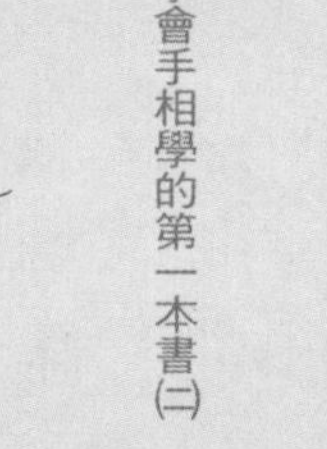
木星丘
土星丘
太陽丘
水星丘
第一火星丘
第二火星丘
金星丘
月丘（太陰丘）

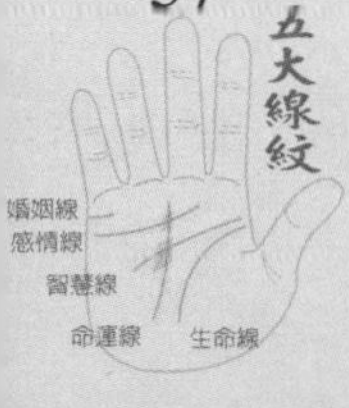
婚姻線
感情線
智慧線
命運線
生命線

八大丘

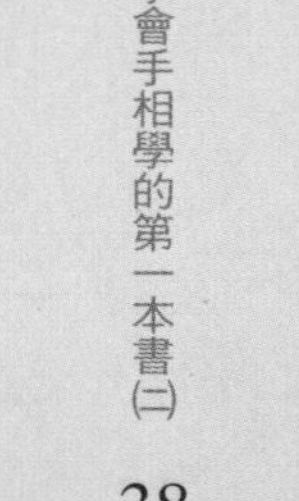
木星丘
土星丘
太陽丘
水星丘
第一火星丘
第二火星丘
金星丘
月丘
(太陰丘)

貳拾參、參看雜紋、判斷無誤的手相 148

八大丘

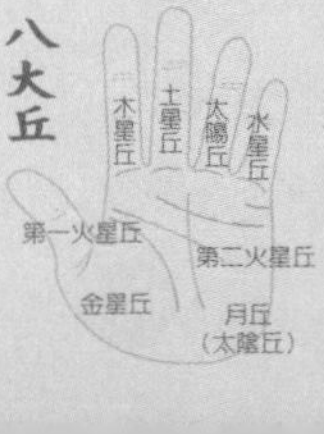
木星丘
土星丘
太陽丘
水星丘
第一火星丘
第二火星丘
金星丘
月丘
(太陰丘)

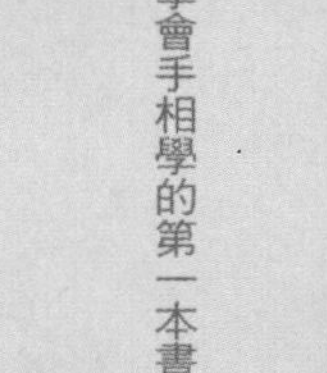
八大丘
木星丘
土星丘
太陽丘
水星丘
第一火星丘
第二火星丘
金星丘
月丘
(太陰丘)

八大丘

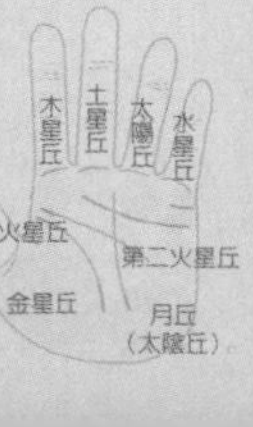
木星丘
土星丘
太陽丘
水星丘
第一火星丘
第二火星丘
金星丘
月丘
(太陰丘)

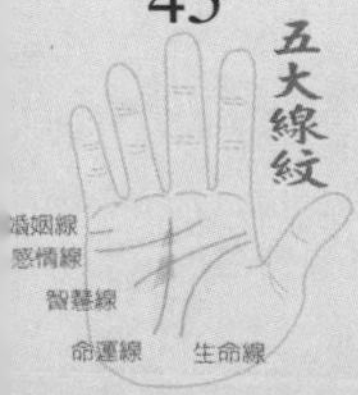
感情線
智慧線
命運線
生命線

八大丘

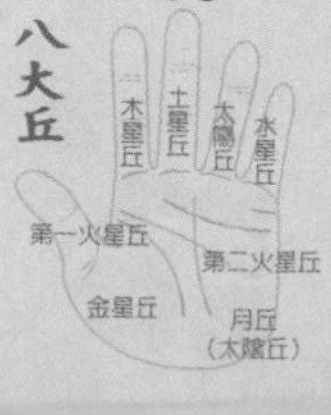
木星丘
土星丘
太陽丘
水星丘
第一火星丘
第二火星丘
金星丘
月丘（太陰丘）

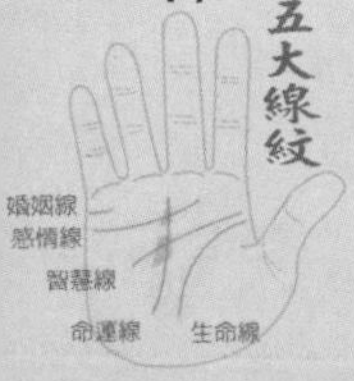
婚姻線
感情線
智慧線
命運線
生命線

八大丘

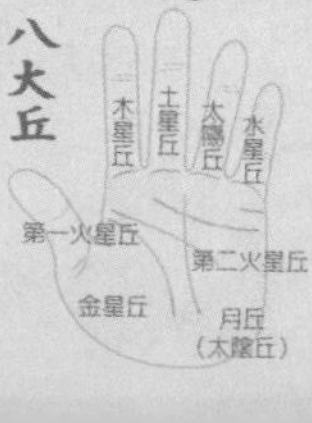
木星丘
土星丘
太陽丘
水星丘
第一火星丘
第二火星丘
金星丘
月丘
（太陰丘）

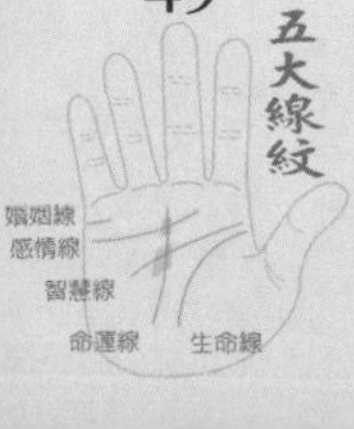
婚姻線
感情線
智慧線
命運線
生命線

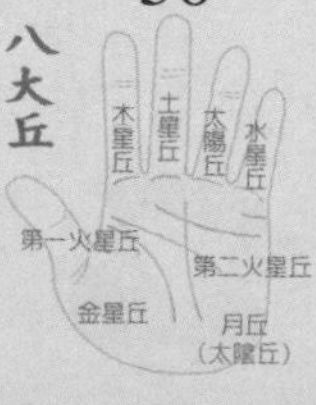
木星丘
土星丘
太陽丘
水星丘
第一火星丘
第二火星丘
金星丘
月丘
(太陰丘)
八大丘

指相分析論斷

五指的意義

一、**拇指**：（五歲到十四歲運勢）

拇指代表祖先跟長上，也代表自己的父母，自己的幼年運，如果長得雄偉壯大、細長清秀，就是象徵父母財產富有，有地位聲望，能健康長壽，自己將來也容易成就非凡，能獲得週遭眾人的幫助，反之，短小醜陋，表示祖上無資產，無法獲得庇蔭，父母多災多難，健康情況不佳，必須奔波勞碌，自己也缺乏膽量，沒有決心毅力·無法成就事業、終日操心。

二、**食指**：（十五歲到二十九歲運勢）

食指代表兄弟跟姊妹，也表示自己的少年運，若長得強健清秀，表示一生衣食無缺，能順心如意，兄弟姊妹多幫助，自己也少災少病，但若有所損傷，或短小歪斜，表示家境貧苦、兄弟無情，凡事需要靠自己努力，沒有任何貴人提拔，婚姻方面，太太非常凶悍，會有懼內的傾向。

八大丘

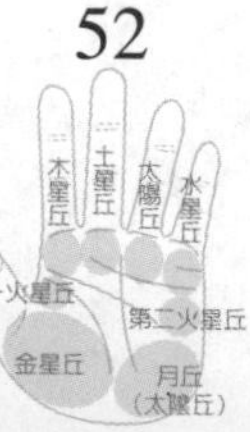

三、中指：（三十歲到四十四歲運勢）

中指代表自己的個性，也表示自己的中年運，若長得直聳秀長，表示為人正直、富正義感，不怕艱辛困苦，事業能有所成，人緣也會比較好，若有損傷或短小歪斜的話，表示心術不正、喜歡投機取巧，無法求取功名，經濟顯得拮据，到處惹事生非，人緣方面不是很理想。

四、無名指：（四十五歲到五十九歲運勢）

無名指代表異性緣跟配偶，也表示自己的晚年運，若長得強健清秀，表示自己的異性緣不錯，能吸引眾多人青睞，能娶得條件優秀的配偶來幫助自己的事業，晚年運勢也能榮發，不用擔心老年生活，但若有損傷或短小歪斜，表示異性緣不佳，較晚才能找到對象，婚後配偶的個性凶悍，不懂得體貼跟照顧，彼此會常有爭吵，恐怕會離異，晚年生活淒涼無助，必須提前做好準備。

五、小指：（六十歲到七十四歲）

小指代表子女跟媳婦，也代表晚輩跟部屬運，若長得筆直清秀，表示自己的子女有出息，懂得孝順感恩，會適當回報父母，晚輩會比較有情有意，在急難時能伸出援

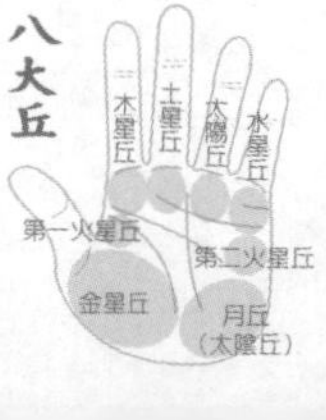

手，在事業方面，對部屬能有威嚴，展現十足領導能力，晚年運也比較穩定安好，若有損傷或短小歪斜的話，表示子女不爭氣，會敗光祖上家產，替自己帶來麻煩，形成不小的負擔，晚年還需要奔波勞碌，不得清閒安享天年，在事業方面，領導管理成效不佳，沒有什麼成就可言，晚年運也不佳。

六、無名指與食指的比較

若食指長於無名指，表示自己比較袒護家人，對兄弟姊妹比較照顧，不會有見色忘友的現象，處事能夠公正無私，不會有小人的騷擾，但異性緣方面，有不解風情、缺乏浪漫的可能，讓異性跟配偶有生氣吃醋的現象，若是無名指長於食指，表示對異性跟配偶比較照顧，會比較言聽計從，滿足其需求，但對家人就比較輕忽，不太能噓寒問暖、僅，做表面功夫而已，但由於耳根子軟，不聽家人勸言，容易遭人欺騙，會有事業或財富上的危機，必須要特別注意。

七、手指與手掌的比較

手指代表精神方面，手掌代表物質方面，兩者需要適當搭配才能夠有良好表現。若是手指長於手掌，性格比較內向，為人比較重於精神，會追求心靈生活，對知識的吸收有興趣，會有深入的研究，通常能成為專業人士，受到眾人的尊敬，人際關係熱絡，若是手掌長於手指，性格比較外向，為人重視實際生活，凡事刻苦耐勞、實事求是，充滿勇氣魄力，會盡力克服眼前難關，重視效率跟卓越，但有點不近人情，人際關係較冷淡。

整體來看，若是手指跟手掌都長的話，表示比較感性，很喜歡思考分析，別人很好親近，人緣顯得不錯，很有理想抱負，但容易鑽牛角尖，缺乏實際執行力，若是手指跟手掌都短的話，表示比較理性，講求實際操作，不愛空想妄談，行動果斷有效率，但交際手腕不足，很容易得罪他人，不知道運用關係。

手指痣的意義

大拇指

一、底部指節有痣

表示會爭取異性眼光，而不惜盡全力，希望成為注目焦點，甚至沉迷於其中，浪費時間跟金錢也不在乎，有無法自拔的現象。

二、中節指節有痣

表示判斷力較差，雖然能力不錯，但總是眼高手低，有不切實際的做法，加上傲慢自負的模樣，讓人家覺得很討厭，而得不到別人的幫助。

三、頂端指節有痣

表示個性固執、不聽人勸，有自以為是的現象，變通的反應很慢，遇到困難危急的時候，往往會因此作繭自縛，而無法順利度過，特別是在金錢方面。

食指

一、底部指節有痣

表示不懂得同情，欠缺體諒的心情，跟週遭人有隔閡，交際手腕不佳，而且妒忌心很強烈，見不得別人好，認為對方貪圖利益、出賣自己，因而會大發雷霆。

二、中節指節有痣

表示具有企圖心，有很強的意志，不怕任何困難，會勇於面對挑戰，但若超過能力

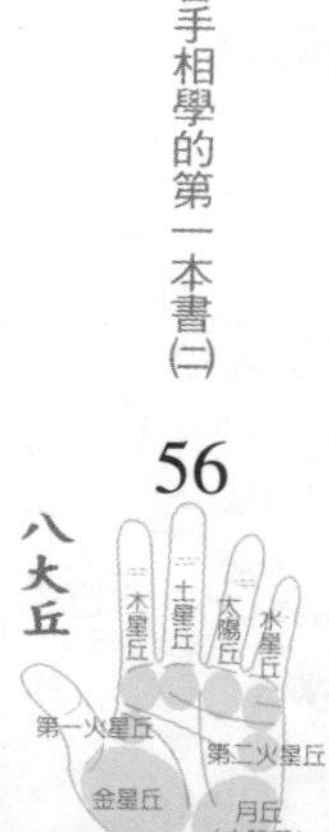

範圍，便會鋌而走險，不惜放手一搏，結果通常憂喜參半。

三、頂端指節有痣

表示精神恍惚不集中，常常會分心疏忽，而發生意外災害，而且態度消極，比較有懶惰的現象，不適擔任壓力沉重，或是競爭激烈高的行業。

中指

一、底部指節有痣

表示個性散漫、無心工作，做事通常逃避責任，不願意承擔重任，因此不會受到重用，在金錢的花費上，對朋友很大方慷慨，但對自己跟家人卻顯得十分小氣，一分一毫也會斤斤計較。

二、中節指節有痣

表示個性細膩，謹慎小心，但由於情緒敏感，常莫名發脾氣，對人有主觀偏見，因此容易受到排斥，任何事情都必須親自執行，沒辦法假手他人，是天生的勞碌命，一刻

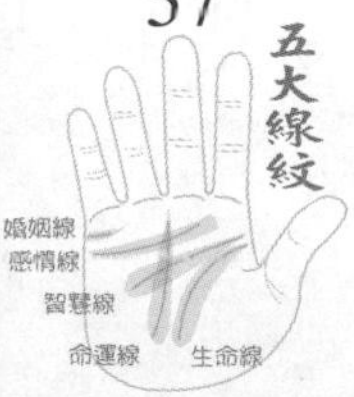

也閒不下來。

三、頂端指節有痣

表示脾氣暴躁衝動，容易有口角糾紛，若頂端指節朝食指方向彎曲，則會對社會帶來困擾麻煩，若彎向無名指的話，則會替家人帶來困擾麻煩。

無名指

一、底部指節有痣

表示個性任性，不受拘束，喜歡獨斷獨行、標新立異，不太能與人合群，在財運方面，總是財來財去，不懂得珍惜金錢，有奢侈浪費的傾向，特別是為了流行時尚的高貴物品。

二、中節指節有痣

表示缺少偏財運，不適合投機事業，特別是賭博不可接觸，否則容易傾家蕩產，但又因為個性倔強、愛面子，往往等到無法收拾善後，才願意回頭聽勸。

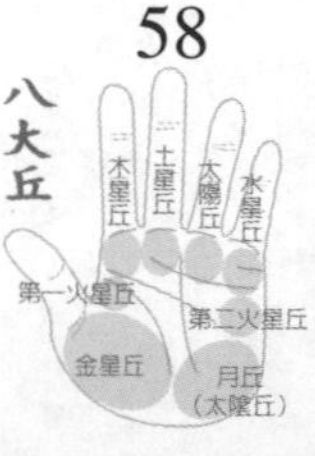

三、**頂端指節有痣**

表示個性衝動急躁，缺乏深思熟慮，對於興趣的事情，總是三分鐘熱度，無法長久持續下去，導致學藝不精、難成大器，在感情方面，也容易遭受失敗挫折，而有感情用事的現象。

小指

一、**底部指節有痣**

表示為人有小聰明，但不用於正途，經常走旁門左道，對物質金錢很崇拜，會汲汲營營的爭取，對朋友或子女的態度顯得冷漠不關心而疏於照顧。

二、**中節指節有痣**

表示喜好搬弄是非、經常製造糾紛，讓別人心生厭惡，不與自己來往，在理財方面，缺乏數字概念，判斷力較差，投資恐怕有所損失，不適合經商的行業。

三、**頂端指節有痣**

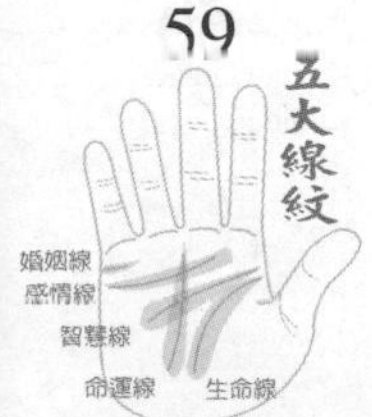

表示說話不得體，常直接傷人，人際之間會有摩擦，個性保守內向，腦筋欠缺靈活，學習技藝方面，總是差強人意，無法突破而更上一層樓。

指甲的意義

以指甲的標準來看，形狀要適中，不可以太長、太短，指甲厚度要一致，太厚、太薄都不是很理想，顏色方面要紅潤，若是呈現其他顏色，表示身體健康欠佳，多半有遺傳的毛病，或是慢性疾病的因子，個性方面也容易偏激、急躁。

一、**厚硬的指甲**

指甲若厚且硬的話，表示先天體質健壯，生命力、活動力很旺盛，做事情能夠樂觀進取，突破眼前的困難，但是為人自視甚高，主觀意識強烈，有時候容易與人發生衝突口角，合作較不愉快。

二、**薄軟的指甲**

指甲若薄且軟的話，就是先天體質較差，很容易過敏出毛病，經常需要看病吃藥，精神上比較憂鬱，有畏懼害怕的傾向，若是遭受打擊的話，很容易神經衰弱，而無法恢

八大丘

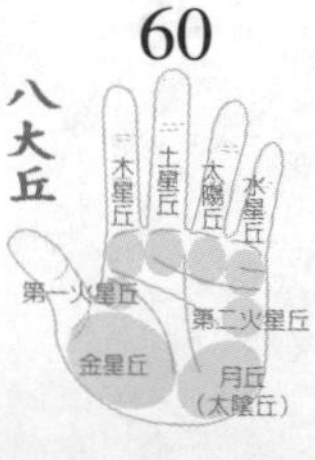

復自信心。

三、狹長的指甲

指甲若狹長的話，表示體力較差，缺乏運動，健康不是很理想，個性方面很敏感，對什麼事情都很謹慎，但妒忌心強烈，會看不慣他人，是屬於沉默內斂的人，喜好心靈神秘的事物。

四、較短的指甲

削短的指甲的話，表示健康不佳，心臟容易出毛病，為人缺乏自信心，適合單獨學術研究的工作，較不適合壓力沉重的行業。闊短的指甲的話，表示為人神經質，容易疑神疑鬼，不好溝通商量，容易與人起衝突，有暴力的傾向。

五、圓形的指甲

圓形的指甲，表示個性主觀，做事衝動沒耐性，脾氣很容易暴躁，有時候會很情緒化，跟人家過不去，但有時候很冷漠，不愛理睬任何人，變化的起伏很大，給人喜怒無常的感覺。

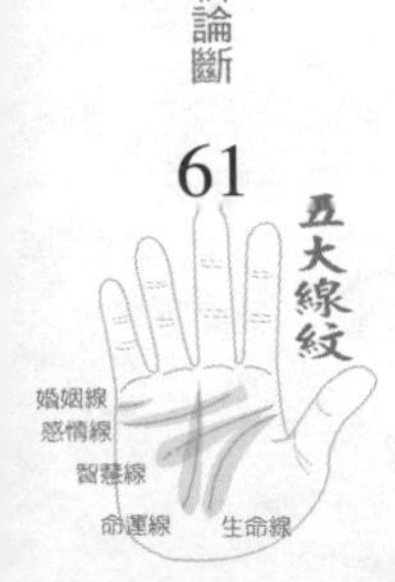

八大丘

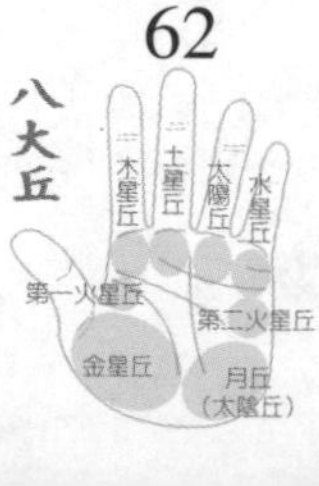

六、蛋圓形的指甲

蛋圓形的指甲，表示心思比較細膩，對週遭事物有審美觀，會將精神投入其中，金錢有透支的現象，很愛打扮，讓自己成為眾人焦點，藉此獲得別人的掌聲。

七、指甲上大下小

指甲上大下小，表示做事有虎頭蛇尾得傾向，不是很能夠貫徹始終，但是在感受力方面，則顯得很敏銳，能察覺細微的變化，對審美有不錯的判斷力，很適合從事流行趨勢的行業。

八、指甲有凹陷

指甲有凹陷的話，就是指甲的中間凹下去，表示為人神經衰弱，有失眠睡不著的毛病，甚至有遺傳性的疾病，或是有酗酒、濫用藥物的現象，意志力非常薄弱，容易沉迷奢華事物，而顯得無法自拔。

九、指甲有突起

指甲有突起的話，就是中間的地方突起，表示健康體質不佳，呼吸系統有問題，恐怕有氣喘或是肺病，越突起表示問題越嚴重。

十、指甲有彎曲

指甲有彎曲的話，就是尖端的部分往上翹或內彎，表示為人冷漠，貪圖利益，不重視友誼、人情，有過河拆橋的現象，情緒上喜怒無常，很容易翻臉不認人。在身體健康方面，肝臟或腎臟容易出問題，生殖機能恐怕受損，而沒有辦法順利懷孕，影響到生兒育女。

十一、指甲有直紋

指甲有直紋，表示健康情況不佳，腸胃方面容易出問題，或者有酒精中毒的可能，在睡眠方面，也容易失眠熬夜，而有神經衰弱的徵兆。

十二、指甲的月形

就是指甲月白的部分，形狀過大或過小的話，都不是非常理想，健康情況都有問題，過大的話，表示心臟血管不佳，血壓容易過高，容易血管破裂導致腦中風，過小的話，表示心臟無力、血液循環不良，有頭暈、貧血的毛病。

掌中八卦的意義

中國手相學的掌中八卦，其分法跟西洋的丘位類似，但是仍然有些不同的地方，像是中國相學坎宮的位置，在西洋丘位上，僅是火星平原的盡頭，沒有實際的標明丘位，而坤宮的部分，則分成太陽丘跟水星丘的位置。

一、**乾宮**：（父親、長子）

若此部位發達隆起的話，表示頭腦靈活、擅長思考，對資訊善於分析，從中得到消息，有助於理想的實現，反之，若低陷的話，表示對知識不感興趣，不擅長分析資訊，並且有神經衰弱、不切實際的胡思亂想。

二、**坎宮**：（祖上產業）

若此部位發達隆起的話，表示祖上有餘蔭，能庇祐到自己身上，從小能獲得良好栽培，經濟條件比別人好，各方面的基礎穩固，將來比較有競爭力，若是低陷的話，表示祖上破敗、家道中落，從小生活環境刻苦，凡事需要靠自己，接受教育的機會不多，還要面臨各種的負擔，起跑點比別人要辛苦。

八大丘

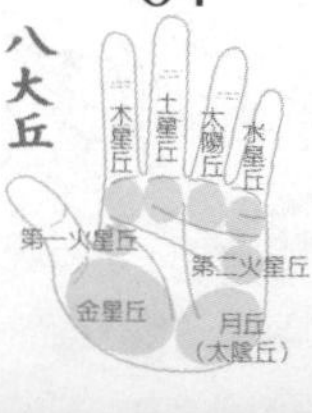

三、艮宮：（田宅、兄弟姊妹）

若此部位發達隆起的話，表示對感情有所需求，會非常的重視，有想掌握主導的態度，因此愛恨分明，佔有慾特別強，但仍有所節制，相反的，若是低陷的話，對感情會忽冷忽熱，不在乎對方感受，只為了滿足個人慾望，顯得冷酷無情，對男歡女愛有時會厭倦，不太想去理睬。

四、震宮：（配偶、異性）

若此部位發達隆起的話，表示個性樂觀積極，懂得向上進取，不怕任何的困難，會想辦法來突破，顯得幹勁十足，所以人緣非常不錯，特別能吸引異性的好感，相反的，若是低陷的話，個性保守懦弱、容易畫地自限，不敢求新求變，常常失去先機，而只能原地踏步，感情上會有挫折創傷，有讓人捷足先登的遺憾。

五、巽宮：（財物、金錢）

若是此部位發達隆起的話，表示天資聰穎、才華洋溢，喜歡閱讀吸收新知，能靠文筆來賺錢謀生，人際關係方面，對朋友十分熱情大方，凡事不太會斤斤計較，能讓人家

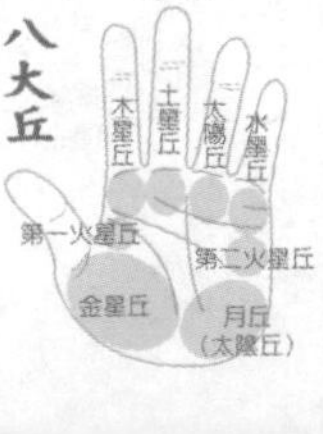

留下好的印象，若是低陷的話，會顯得怠惰懶散，不知道唸書上進，總是混水摸魚、得過且過，在事業方面，沒有什麼成就可言，常常因為缺錢花用，而經常拖累朋友，讓大家敬而遠之。

六、離宮：（事業、功名）

若是此部位發達隆起，表示從小成績優秀，常能名列前茅，是團體裡面的翹楚，由於能力好、企圖心強，很重視個人事業，會積極的投入，通常能夠飛黃騰達，有自己的一片天地，婚姻上也能找到好伴侶，家庭生活幸福美滿，但若是低陷的話，個性顯得冷酷，不愛與人親近，雖然很有能力，可是不受到重用，缺少貴人來提拔，有懷才不遇的現象，婚姻方面也不理想，很可能會離異收場。

七、坤宮：（母親、福報）

若是此部位發達隆起的話，表示聰明機智、幽默風趣，對數字有概念，適合從事商業或科技業，會比較容易出人頭地，而享有不錯的地位名聲，獲得眾人的尊敬支持，若是低陷的話，表示安逸享樂、不求上進，只希望不勞而獲，討厭努力打拚，雖然有小聰明，但卻不能長久，還可能破壞名聲。

八、兌宮：（部屬、朋友、子女）

若是此部位發達隆起的話，表示充滿活力、急躁衝勁，對任何事都具有信心，會願意花費時間解決，對朋友、部屬很照顧，對方有困難時，願意伸出援手，對子女會關懷付出，從不計較回報，往往希望子女獲得最好的，若是低陷的話，表示態度消極、沒有衝勁，遇到問題的時候，只會逃避現實，不去正面的接受，對朋友、部屬的要求，通常會婉拒推辭，給人不好的印象，對子女的教育，也容易不聞不問，彼此關係不親密。

掌中丘位的意義

一、水星丘：（智商、才藝、科學、旅行、說話、商業）

水星丘位於小拇指下方，若適中隆起的話，表示為人擅長說話，懂得應對進退，交際手腕不錯，在專業領域裡，有特殊的技術，而能成為權威，受到別人的欣賞，事業方面會有出息。若過度發達，或低陷的話，表示會將聰明才智運用到旁門左道方面，做出非法的勾當，像是欺騙、詐騙、偷盜等等，會出賣週遭的人來獲取個人利益，因此失去信用跟人格。

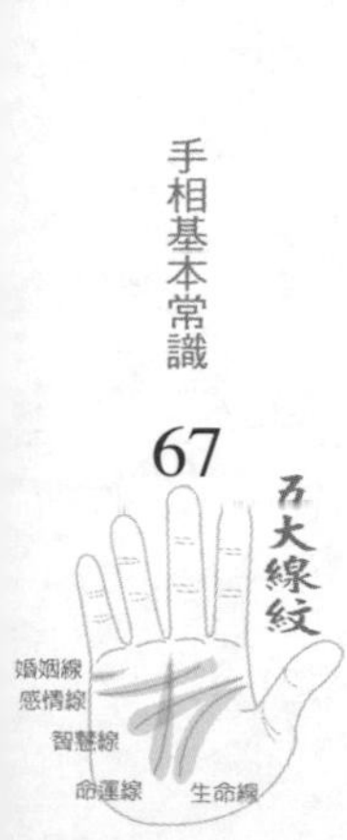

八大丘

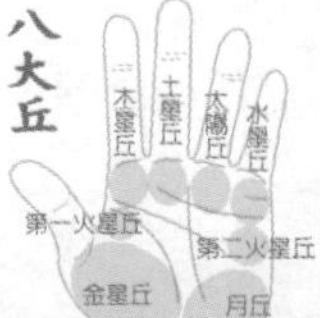

二、**火星丘**：(行動、勇氣、競爭、禮貌、道德、自制力)

火星丘有兩處的位置，一是木星丘與金星丘之間，叫做第一火星丘，另一則是水星丘跟月丘之間，叫做第二火星丘。

第一火星丘若適中隆起，表示富有勇氣、膽量，喜歡挑戰自我，特別是未知的事物，由於決策果斷，具有領導能力，因此適合擔任主管或是軍警的行業，若是過度發達或低陷的話，表示為人心浮氣躁、喜好逞兇鬥狠，常常跟人家衝突，導致火爆的場面，讓人不敢恭維，紛紛敬而遠之。

第二火星丘若適中隆起，表示知識豐富、學識優越，能夠有良好的判斷力，在道德上有一定的原則，會堅持自已的理想與行事的方針，是社會的中流砥柱，才華往往能引人注目，但若過度發達或低陷的話，表示膽怯懦弱、凡事被動不前，遇到外界誘惑，便會把持不住而做出錯誤的行為舉止。

三、**太陽丘**：(地位、名譽、樂觀、理想、財富、情色)

太陽丘在無名指下方，若適中隆起的話，表示個性開朗大方、喜歡戶外活動，為人處事光明磊落，不會使小人的手段，對需要幫助的朋友，也會即時伸出援手，是個急功好義的人，因此人緣相當不錯，也常有許多進財的機會。若是過度發達或低陷的話，表示容易神經緊張，安靜不下來，有衝動行事的可能，會為了名譽或地位，做出不擇手段的事情，特別針對私人的利益，更是拚命的維護，但面對不利的情勢時，則顯得十分懦弱，不太願意去面對。

四、木星丘：（權威、藝術、慾望、驕傲、自信、熱誠）

土星丘位於食指的下方，若適中隆起的話，表示愛好大自然，喜歡旅行遊歷，脾氣溫和、熱誠可靠，所以人緣極佳，會專注追尋自己的理想，不太會受到影響誘惑，對於名利、權勢不是很重視，不會特意去苦苦強求。若是過度發達，或低陷的話，表示充滿野心慾望、不懂反省節制，有沉浸酒色的可能，喜歡爭權奪利、不問是非對錯，常常損人不利己，健康情況也每況愈下。

五、土星丘：（事業、壓力、精細、迷惑、多愁善感）

土星丘位於中指的下方，若適中隆起的話，表示喜歡藝術活動，非常重視氣質涵養，能學習廣泛的知識，也追求宗教的信仰，能接受神秘的事物，事業、婚姻、家庭、

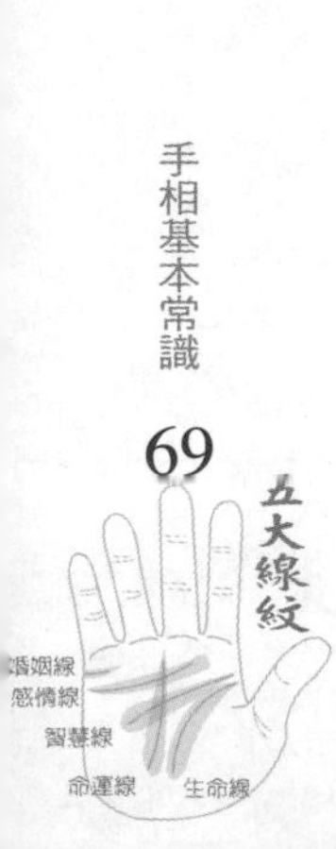

八大丘

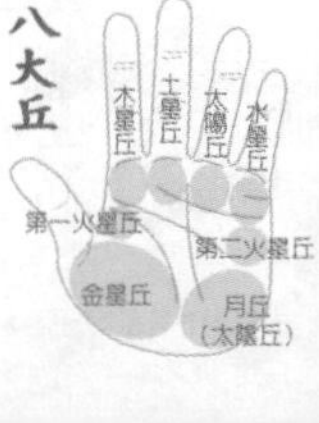

懂得溝通商量，會比較順心如意。若是過度發達或低陷的話，表示有不為人知的特殊關好，個性古怪孤僻，有反傳統、反道德的傾向，平常疑神疑鬼，不太信任他人，容易起衝突口角，破壞和諧氣氛，事業、婚姻路途多有坎坷。

六、太陰丘：（思想、夢想、審美觀、感受力、反省能力）

太陰丘位於第二火星丘的下方，與金星丘相對，若適中隆起的話，表示創作力、聯想力豐富，喜歡追求美好事物和多采多姿的生活，感受力特別強，在旅遊的途中，特別有靈感，很適合藝術方面的工作，將會發揮自已的專長，若是過度發達，或是低陷的話，表示生性愛好幻想，行事不切實際，有消極頹廢的傾向，很容易自欺欺人，不願意面對現實，若遭受打擊的話，容易憂鬱而產生精神疾病。

七、金星丘：（愛情、性慾、健康、自尊、同情心）

金星丘位於拇指的下方，若適中隆起的話，表示健康情況良好，態度樂觀積極，充滿自信心，會替朋友出頭，講究義氣情意，因此人緣特別好，交友非常廣泛，由於各方面條件優秀，所以對異性充滿吸引力，感情婚姻幸福美滿。若是過度發達或是低陷的話，表示性好漁色、態度輕浮，容易有桃色糾紛，招惹官司小人，但也可能變得冷酷，毫無人情，不懂生活情趣，只追逐物質的滿足與享受。

掌紋痣的意義

生命線（壽命、疾病、體能、環境適應力）

一、**生命線開頭有痣**

表示小時候體質不佳，經常生病吃藥，讓家人操心煩惱，而且個性頑固不好帶，長大以後，防衛心態比較重，不容易親近、相信別人。

二、**生命線中間有痣**

表示身體機能有問題，多半是腸胃方面的毛病，要注意飲食的正常，或者是肝臟的問題，是由於過度勞累而產生的，必須要做適當的休息。

三、**生命線尾端有痣**

表示健康容易出問題，要懂得保養身體，而且出外要注意安全，恐怕發生突來的意外，使得生命受到威脅，要盡量避免單獨出遊。

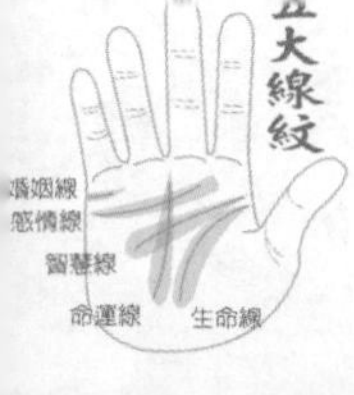

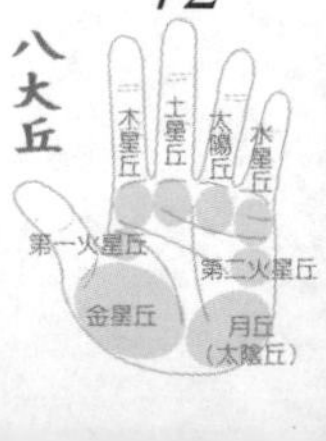

智慧線（智商、才藝、理性、生活能力）

一、**智慧線開端有痣**

表示事業不順心，會遭遇到阻礙，長期煩悶的結果，情緒不是很穩定，帶有神經質的傾向，幼年時，多半發育遲緩，較跟不上人家。

二、**智慧線中間有痣**

表示腦筋不清醒，反應較遲鈍，判斷力通常不佳，思想有偏激的現象，若受到打擊刺激，便容易失去控制，有暴力的傾向，也會有頭痛的毛病。

三、**智慧線尾端有痣**

表示情緒不是很穩定，喜怒哀樂無常，完全看當下心情來決定做事的態度，不是過度亢奮就是過度憂鬱，影響到正常的人際往來。

四、中指下方智慧線有痣

表示健康情況受損，要注意高血壓跟心臟的問題，要避免劇烈的運動，或由於熬夜失眠所造成的神經衰弱。

五、無名指下方智慧線有痣

表示為人處事不切實際，有作白日夢的傾向，不值得信賴與託付，在健康方面，要提防腦中風的可能。

感情線（愛情、婚姻、人際、感受力、審美觀）

一、無名指下方感情線有痣

表示愛恨分明，有強烈的佔有慾，嫉妒心特別強，一旦沉迷於愛情當中，就無法用理性面對，旁人的勸阻聽不進去。

二、中指下方感情線有痣

表示容易感情用事，失去自制的能力，會做出驚人之舉，而精神方面，注意力常不集中，無法耐心完成工作，影響到事業的發展，健康上，要注意心臟問題。

三、食指下方感情現有痣

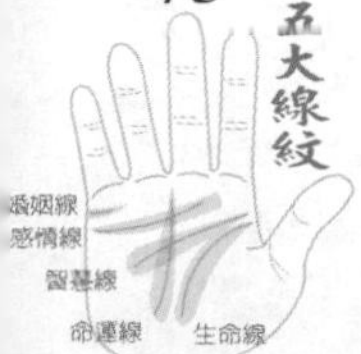

表示對於感情很執著，不肯輕易放棄，有死纏爛打的情況，有時會讓問題擴大，變得越來越嚴重，容易對情人造成傷害。

事業線（學業、工作、企圖心、貴人運、應變能力）

一、**事業線開端有痣**

表示家庭背景不理想，從小栽培有限，必須靠自己努力，跟父母親的緣分淺，彼此見面的機會不多，或者從小就有可能是孤兒。

二、**跟智慧線相交有痣**

表示事業上會有危機，特別是在決策的時候，有判斷錯誤的現象，導致自己身敗名裂，從原本富裕的生活變成經濟拮据的窘境。

三、**跟感情線相交有痣**

表示會因為感情挫折，而顯得失魂落魄，影響到工作的效率，有可能害自己丟掉飯碗，要有心理準備才好，避免過度感情用事。

八大丘

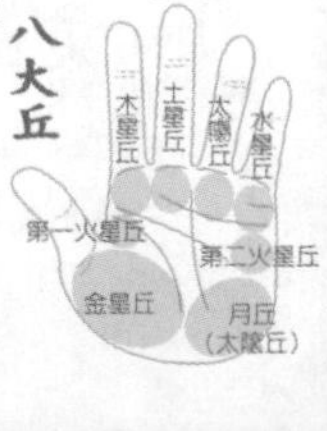

四、中指下土星丘事業線有痣

表示中年以後，要注意憂鬱症的發生，將會有自殺的傾向，或是自己被生活逼迫，而有詐欺或偷盜的舉動，而犯上牢獄之災。

五、跟金星帶相交事業線有痣

表示愛情方面會有波折，追求的過程不是很順心如意，將面對許多問題難關，讓人不經感嘆造化弄人。

太陽線（名聲、地位、財富、熱誠、同情心）

一、手掌下方延伸的太陽線有痣

表示環境的影響很大，對你有正面的作用，會時常有貴人幫助，讓你如魚得水，但不可以驕傲自大，以免遭到他人嫉妒，而招惹禍端上門。

二、掌心開始的太陽線有痣

表示中年過三十五歲後，運勢有逐漸上升的趨勢，工作能夠平步青雲，有貴人從旁提拔相助，自己不用太費心。

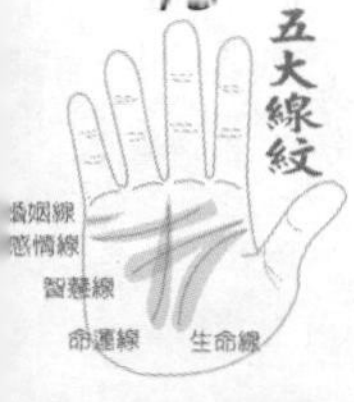

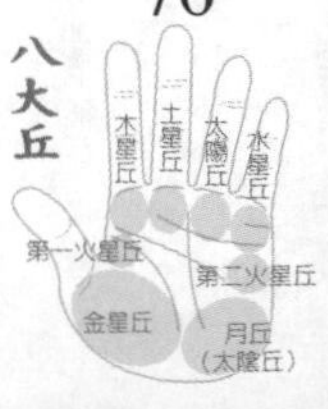

三、感情線上的太陽線有痣

表示中年過四十歲後，能獲得地位跟名聲，努力打拚的成果，會讓人受到肯定，屬於大器完成的類型。

紋路的判斷解釋

一、姊妹紋、雙行紋

是主線旁邊的輔助線，有加強作用的效果，通常沒有不良的影響，能讓好的優點加以發揮，不過若是紋路有破裂、分岔、掃把等形狀，那麼就有負面的效果，而且會顯得嚴重。

二、分岔紋

就是紋路的開頭或尾端有分岔的現象，通常向上分岔者，是屬於好的作用，向下分岔者，都是不利的影響，這種情況，決定吉凶的趨勢將會非常明顯。

三、流蘇紋、掃把紋

就是紋路尾端或紋路本身有許多雜紋，看起來非常的凌亂，沒有固定的走向，這種情況來說，通常會影響到主線，減低良好的運勢，增加凶惡的部分，具有破壞的力量，必須要特別注意。

四、支線、輔助紋

就是從主線上延伸出去的紋路，表示主線的擴大影響或者持續的作用，向上者表示吉祥，能得到好的結果，向下者表示不利，情況將不如預期。

五、斑點紋

就是紋路上面有斑點，而且非常的明顯，像是長出小瘡一樣，這表示運勢將受到阻礙，而且健康方面會有問題出現，可以依照部位來判斷疾病。

六、水波紋

就是紋路彎彎曲曲，呈現不規則的波浪狀，表示主線的作用力減弱，或是自己無法控制情勢，事情往往會有轉變，通常是朝壞的方面發展。

七、鎖鏈紋

就是有許多小圈圈相連而形成一條紋路，通常是不規則的形狀，表示事情有阻礙，

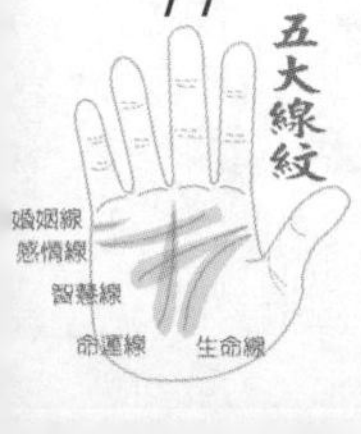

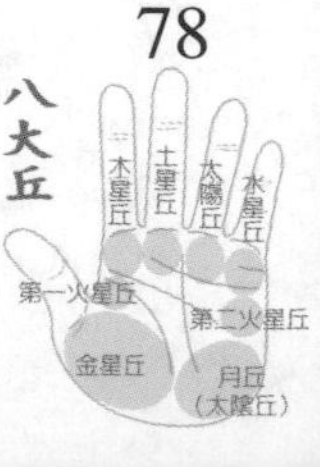

難以達成願望，而且有反覆的現象，問題會一再發生，而不太能夠改善，屬於不太吉祥的紋路。

八、島紋

就是紋路不是直線而是呈現各種幾何圖形，看起來像小島一樣，這也不是吉祥的紋路，具有破壞的負面作用，壞的情況會延遲，而好的會一波三折，必須克服重重障礙，才可以完成目地。

九、破裂紋、斷續紋

就是紋路中間有破裂而呈現斷斷續續的模樣，這屬於不吉祥的紋路，多半表示運勢中斷或是發生變故，特別是環境的因素所造成，在心理方面，也具有某種程度的影響，象徵人的意志不堅定，或受到打擊、創傷。

十、方格紋

就是出現方格形狀的紋路，這表示受到保護，能避開不好的結果，減輕所帶來的負面影響，是逢凶化吉的紋路，但並不是都是好的，若是在生命線上，那麼表示將有牢獄之災的可能。

十一、毛狀紋、叢毛紋

就是紋路旁邊有許多雜亂細紋，讓主線不是很明顯，甚至有劃破的現象，這代表阻擾的意思，增加負面的影響力，讓趨勢往壞的方面走，或是有意外受傷的可能，若紋路朝上發展，還算沒那麼嚴重，紋路朝下的話，情況就會比較糟。

十二、不測紋

就是紋路呈現頭粗尾細的形狀，這是凶惡的徵兆，不是很吉祥的紋路，表示好的趨勢有減弱，而壞的趨勢會加強，特別是在土星丘的位置，情況會較嚴重。

十三、十字紋

就是紋路上出現十字的形狀，表示將有凶兆發生，而且是難以預防的，通常是意外發生的事件，讓人有措手不及的感覺，但若是在掌中的話，則表示很有才華，對神秘玄學能有天賦。

十四、島形紋

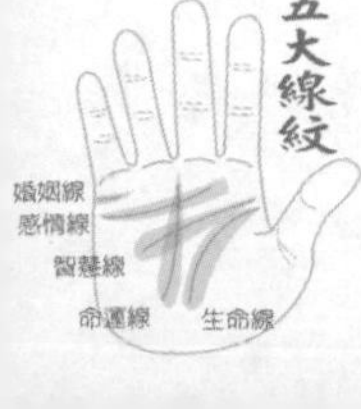

是單一出現的記號，並不是呈現一直線，通常會把好的結果轉變成不好的、具有破壞的力量，會突顯紋路的缺點。

十五、三角紋

表示紋路作用的力量加強，出現的地方表示吉祥，在理智線上表示直覺靈感能增加，有躲避災厄的效果，但若是出現在生命線上面，則表示有開刀的可能。

十六、方塊紋、四角紋

表示紋路的作用增加，有保護的效果，能延續紋路的力量，但還是要看出現的地方來決定吉凶的發展趨勢。

十七、花星紋、星形紋

形狀跟星星一樣，有化險為夷的效果，能帶來不錯的好運，多半是良好正面的，但仍有少部分地方是屬於凶兆不利的。

十八、網狀紋、格子紋

表示阻礙延遲的作用，紋路的力量會削弱，但若是在金星丘上，表示能累積財富家

八大丘

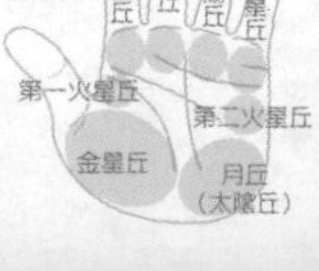

產，是屬於好的徵兆，但其他地方的話，則表示意外或疾病的發生。

十九、三叉紋

形狀像叉子一樣，若叉口的方向朝上，是屬於吉祥、正面的發展，若是叉口朝下，則表示不利負面的發展，出現的位置多半表示會有變化，而有損傷的現象。

二十、斑點

斑點是隨機出現，並不只是在紋路上出現，是單獨的符號，若是白色、紅色的話，通常是吉祥的，但若是黑色的，通常是不利的，要預防災禍發生。

二十一、圓環

若出現在破裂的紋路上，表示一種修補或保護，能讓紋路的凶兆減弱，特別是跟健康疾病有關，多半是心臟跟眼睛的部位。

（手掌心中斷事業）

掌心三線，露玄機
兩手一攤，現禍福

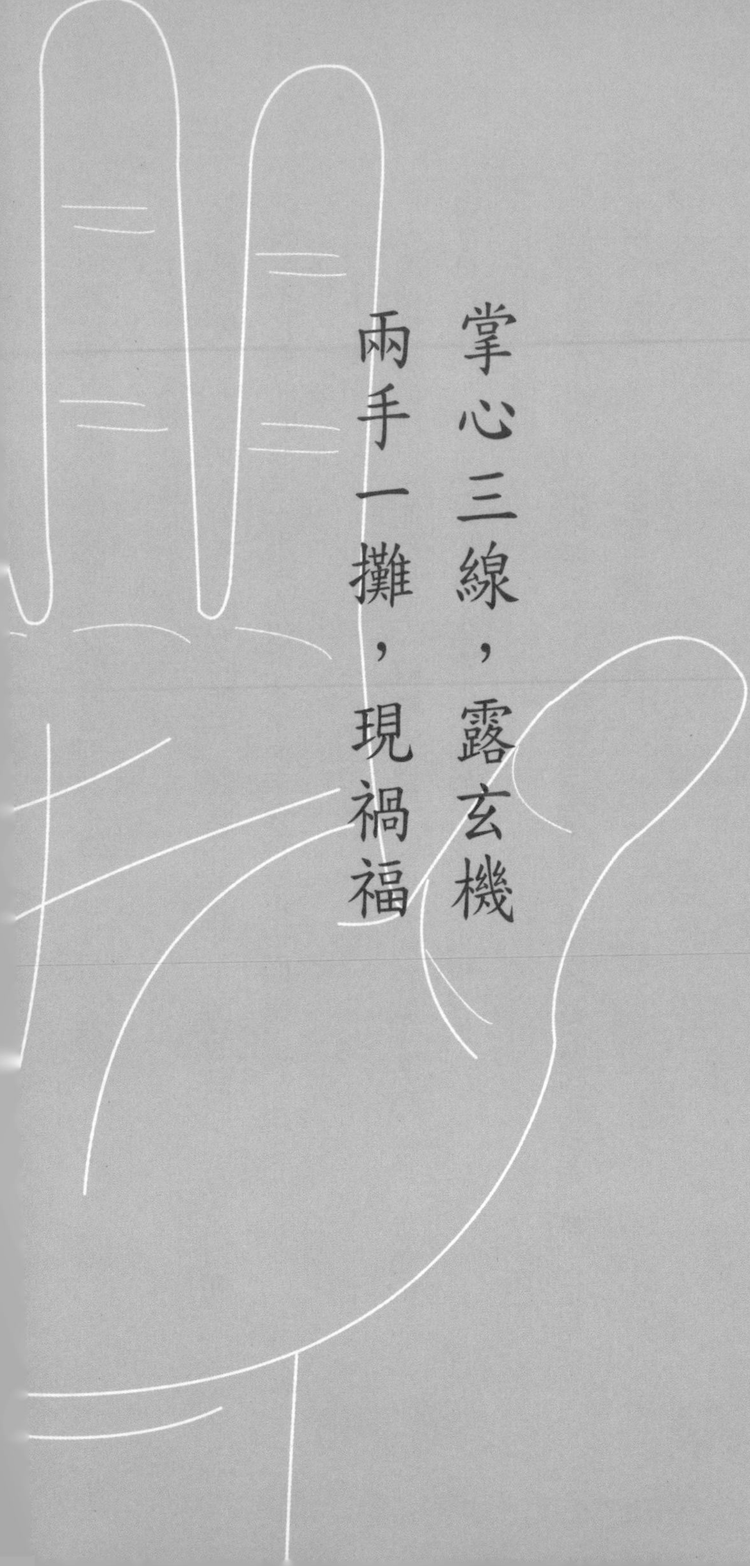

壹、優秀良好、筆挺直聳的手相

優秀良好的事業線，就是事業線筆直清晰，沒有明顯的彎曲，或是中途出現缺口的情況，也少有橫紋雜紋劃過，表示事業心重，企圖旺盛，做事腳踏實地，不會想速成，如果能夠參考理智線、感情線的話，就更可以看出心態的差別，以下就舉兩組實例來對照。

一、理智線平穩有力、感情線完整清晰

理智線平穩有力，加上筆直清晰的事業線，就有如虎添翼的效果，在事業方面能刻苦耐勞，等待良好時機出現，而且掌中紋路較少，顯得不那麼雜亂，行事比較有條有理，傾向於公正無私，很適合自行創業，營運通常能夠蒸蒸日上。又感情線完整清晰，表示配偶的條件不錯，能夠從旁輔助自己，因此就算發生問題，也可以得到配偶全力支持，共同攜手來度過難關。

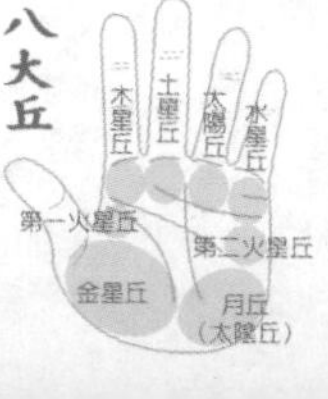

案例一

李先生、三十六歲男性，早年較為辛苦勤勞，而後自行創業當老闆，剛開始很辛苦，欠缺資金的援助，所幸得到配偶的幫助，家庭沒有後顧之憂，太太從親戚朋友哪籌錢，因此度過事業難關，自己也四處交際應酬，業務從此蒸蒸日上，經營的非常成功。

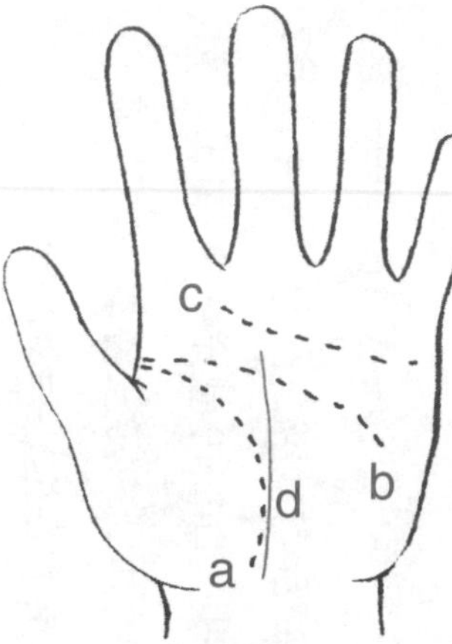

二、理智線彎曲下垂、感情線開岔雜亂

理智線彎曲下垂，加上筆直清晰的事業線，就好像空中的樓閣一般，整天追逐白日夢，行事不切實際，雖然有不錯的點子，但卻無法執行貫徹，顯得心有餘而力不足，對於環境的適應力較差，若創業的話，恐怕會草率結束、關門大吉。又感情線開岔雜亂，容易有人情的包袱，常因感情問題而煩惱，特別是對身邊的配偶，有爭風吃醋的現象，影響到工作的投入。

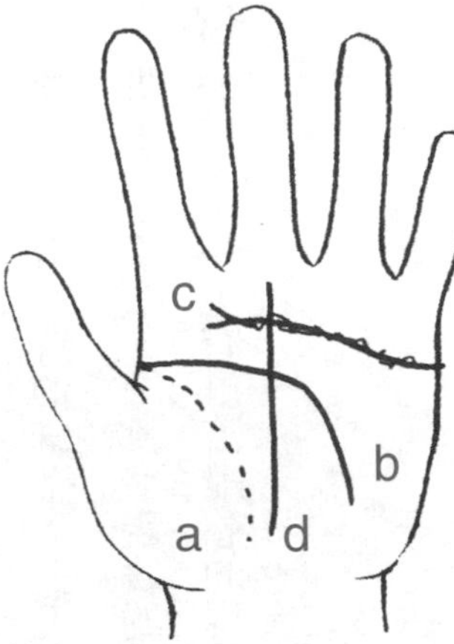

案例二

王先生、四十歲男性，每次工作升遷的時候，機會總是拱手讓別人，因此憤而跳槽換公司，但情形依舊存在，沒有任何改善，感情婚姻方面，在三角戀情當中，最後抱得美人歸，但太太跟舊情人仍有來往，造成自已疑神疑鬼，經常情緒化影響工作表現，導致升遷無望。

貳、軟弱無力、搖擺不定的手相

軟弱無力、搖擺不定的事業線，事業線至少要穿過感情線，才顯得出為人公正無私的心胸，否則的話，容易為了感情問題而失去理性判斷，做出不當的行為舉止，影響到本身的事業前途，那可就得不償失了，以下舉兩組實例來對照。

一、事業線有頭無尾、感情線有島紋

事業線有頭無尾，就是起頭很明顯清晰，到尾端卻顯得細微無力，表示做事情往往三分鐘熱度，沒辦法持續貫徹下去，有半途而廢的傾向，或是遭遇困難阻礙，不加思索解決，而放任其發展，有逃避現實的情況，特別是在中晚年以後，加上感情線有島紋，感情婚姻不太順利，有風流縱慾的現象，事業將會逐漸走下坡，不適合繼續擴展，能守成已屬不易。

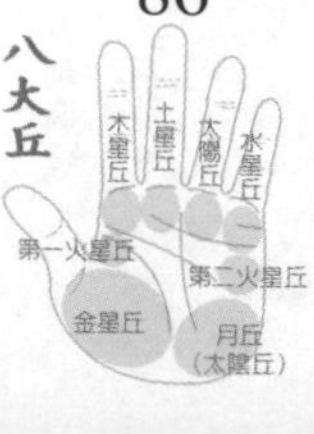

案例一

陳先生、六十歲男性，早年冒險心強，隻身到海外發展生意，開了間酒店，有不錯的成績，由於曾經有重大的感情挫折，本身離過一次婚，因而沉迷酒色、風月場所，到處一夜風流，直到年老體力衰退，才想要退休頤養天年，最後頂出酒店，回到故鄉定居。

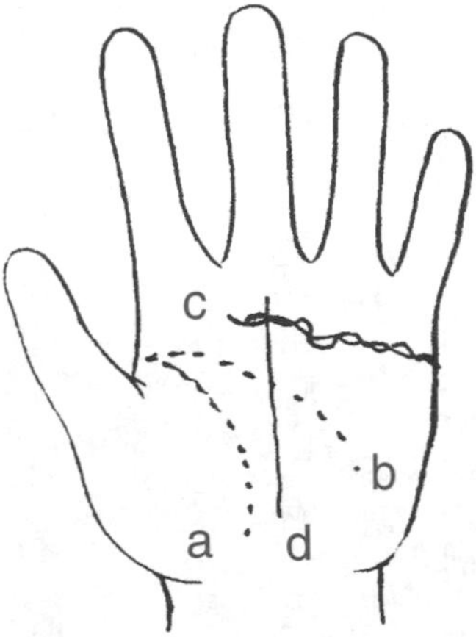

二、事業線彎曲波折、手掌有川字紋

事業線彎曲波折，就是事業線雖然朝上延伸，但形狀並不是筆直的，而是有點波浪的情況，表示剛開始很認真，事業的進展迅速，但卻後繼無力，只想趕快速成，無法累積實際的成果，很容易一個人自怨自艾，無法自我檢討反省，突破目前的困境，加上手掌是川字紋，行事往往衝動、欠缺冷靜思慮，經常惹出麻煩糾紛，需要別人善後收拾，人生運勢起起伏伏。

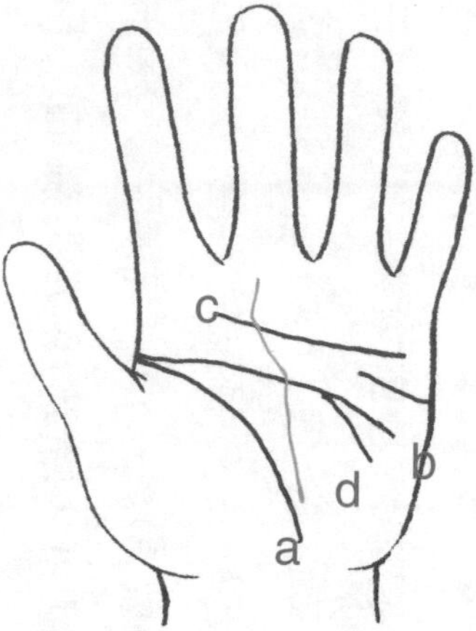

案例二

金小姐、三十一歲女性，早年本來想創業，但是最後卻不了了之，欠缺堅定的意志，又判斷上容易受影響，所以第一次真正創業時，投入大筆的資金運作，但結果慘澹經營、週轉不靈，因而倒閉收場，又感情方面，戀愛過程不順利，有三角戀情的困擾，但都沒有好結果，目前仍是單身一人。

參、頭是基礎、尾看結果的手相

頭是基礎、尾看結果是事業線的看法，也是分辨結果好壞的依據，若開頭好、結尾好，表示事業運勢平順，沒有什麼阻礙，能夠平步青雲、飛黃騰達，但若開頭差，結尾好，表示事業運勢辛苦，通常一波三折，但只要持續努力，還是能有收穫，可以享受成果，但若開頭差、結尾也差的話，表示事業運勢不佳，無法獲得貴人幫助，缺乏企圖鬥志，僅為三餐糊口而已，以下舉兩組實例來對照。

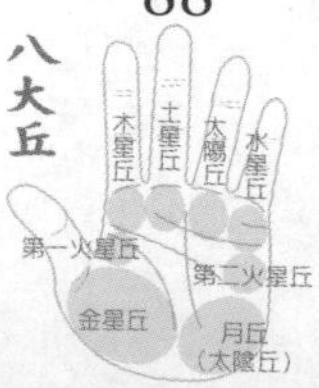

一、事業線結尾偏斜、婚姻線微弱不現

事業線結尾偏斜，就是事業線沒有朝中指延伸，反而朝向食指方向發展，表示事業基礎良好，有旺盛的企圖心，做事刻苦耐勞，懂得掌握時機，往往能夠創業致富，享有地位名聲，但是事業線卻偏斜收尾，表示為人自私自利、有不擇手段的情況，很容易心術不正，而走向極端偏激，特別是婚姻線微弱不現，表示習慣自由無拘束的生活，因此較無家庭責任感，對人會比較冷漠對待。

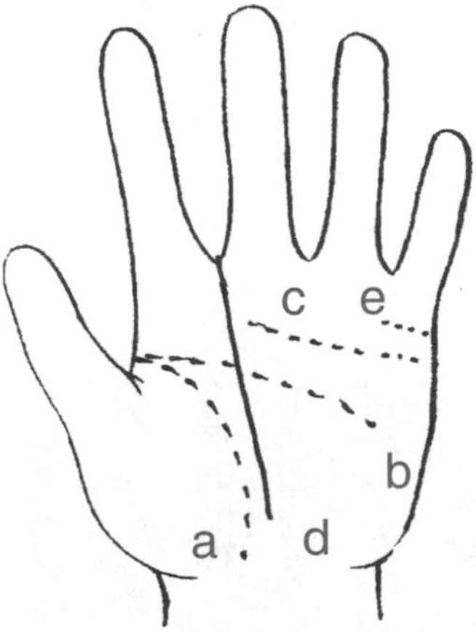

案例一

陳先生、四十四歲男性，早年投身房屋銷售，逢景氣成長的關係，業績十分的驚人，成交賺取的佣金不少，但由於心態不正確，選擇走險路一途，用各種手段炒股票、炒房市，還到處跟銀行或金主借貸週轉，最後股票套牢、房價慘跌，欠下巨額的債務，不得已連夜搬遷。

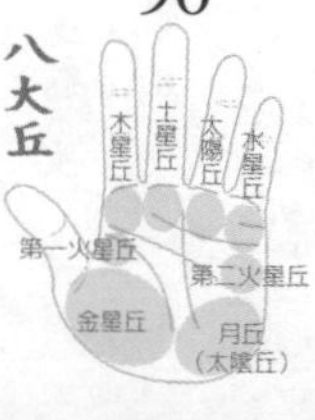

二、事業線偏斜向上、婚姻線尾端開岔

事業線偏斜向上，就是事業線從太陰丘往上，由掌邊延伸至中指下方，表示為人正直大方、交友廣闊，凡事能按部就班，不會想偷雞摸狗，往往能達成目標，享有豐碩成果，又從開頭太陰丘延伸的關係，很適合到遠方打拚事業，頗有異鄉發達的格局，但切記半途而廢，要加強耐性才好。又婚姻線尾端開岔，表示容易遇人不淑，感情交往波折，經常沒有結果，而且有三角戀情的現象，很容易影響到事業的發展。

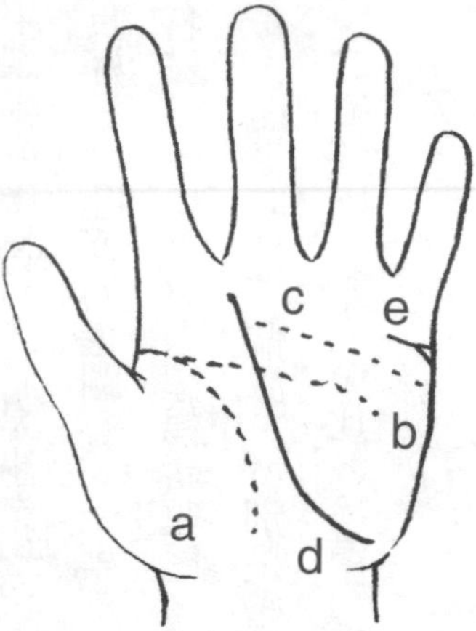

案例二

梁小姐、二十九歲女性，從事演藝事業，桃花異性緣非常好，時常有緋聞傳出，但男女關係複雜，至今仍然沒有歸宿，理財投資上，很容易輕信別人，花了大筆錢投資，不加以詳細考慮，但結果卻不如預期理想，全數金額都血本無歸。

肆、投機主義、悔不當初的手相

投機主義往往有兩種，一種是經過詳細的考慮，而一種是衝動的決定，前者會按部就班來執行，顯得有詳細規劃，後者，僅僅是貪圖利益，而忽略背後危機，這點可以從事業線的長度來看出，不過仍然要參照其他主線的變化，方能決定趨勢如何，不可以一味的來論斷，特別是事業線跟理智線與感情線有關，兩者會造成不同的影響，這是必須要區分清楚的，以下舉兩組實例來對照。

一、事業線遭遇阻礙、理智線下垂中斷

事業線遭遇阻礙，就是事業線往上延伸，但是碰到感情線後就停止，表示事業剛開始順利，有進步的空間，但是隨著時間增長，趨勢會越走下坡，有中途出現瓶頸卻無法突破的情況，又理智線下垂至太陰丘，而有折斷的現象，表示凡事太過於理想化，有投機取巧的可能，而不腳踏實地工作，表面上看起來很風光，其實很容易因為決策錯誤，在財運方面遭遇到嚴重損失，又手掌中呈現川字紋，比較會衝動行事，學不會寶貴教訓，

事業經常起伏不定。

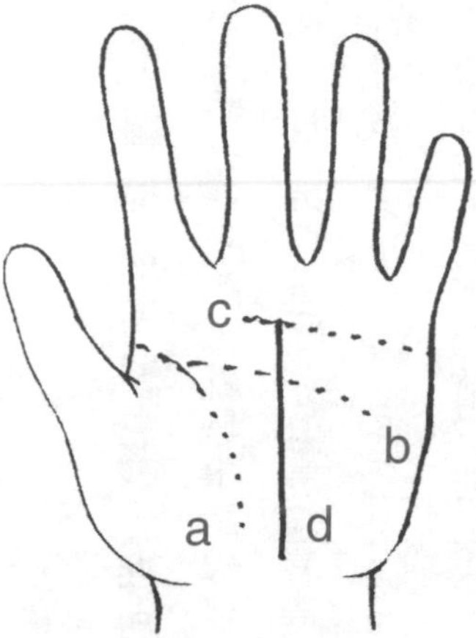

案例一

翁先生、五十一歲男性，待過金融行業，專門處理外匯，腦筋十分的靈活，但喜歡投機取巧，所以有操作股市、貨幣的習慣，剛開始嚐到甜頭，最後就加碼賭注，不幸碰上金融風暴，不但要賤價賣出，還得賣房子抵債，但卻不懂得反省，還想要東山再起，標準的賭徒心態。

二、事業線筆直有力、感情線雜紋分岔

事業線筆直有力，但遇到感情線就停止，不過卻另有紋路從感情線往上延伸，表示原本事業做得不錯，很努力上進打拚，但是中途卻遇到困難，使得情況有所改變，必須採取其他的行動，從感情線分岔出的支線可以看出，事業有轉行的現象或是兼差的可能，而且往往有人情世故的考量，特別是男女感情方面，由於感情線雜亂無章，恐造成負擔

包袱，影響到事業的發展，無法繼續擴大，人際方面，較聽信朋友的話，容易感情用事，錢財也比較守不住。

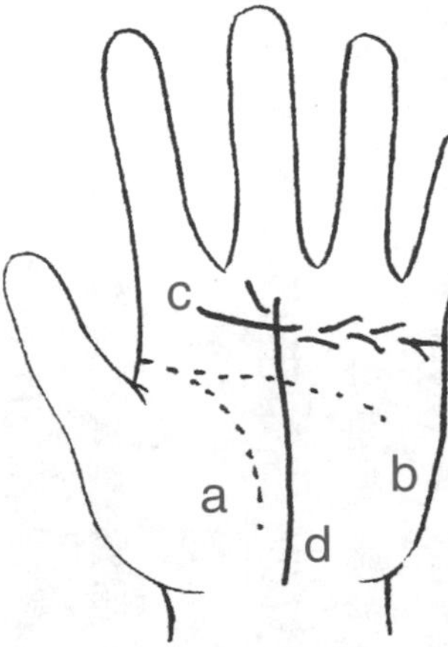

案例一

周太太、五十八歲女性，經營店面的生意，早年四處奔波、無以為家，感情方面，是奉子成婚，夫妻兩人最後決定做生意，頂下一間店舖，老伴已經去世，僅有一個出嫁的女兒，經常體弱多病，需要人照顧，但自己也需要工作，顯得有點分身乏術，感嘆晚年仍操勞憂心，為兒女奔波勞碌。

伍、愁眉深鎖、灰心喪志的手相

愁眉深鎖、灰心喪志是事業不順或失敗時，常出現的心情寫照，不過情形略有不同，一是因為自己的因素造成，可以從紋路的粗線來判別，推斷事業過程的歷程變化，配合主線來參照的話，更能掌握為人的心態，另外則是環境因素的影響，這除了紋路的粗細之外，也必須參照主線的形態來斷定是否有志難申、無法突破，或根本就是懶散、不求上進，以下舉兩組實例來對照。

一、事業線彎曲波折、運勢看粗細有別

事業線彎曲波折，就是事業線並不是筆直向上，反倒是彎曲的延伸發展，表示事業雖然在進行，中途未曾停止過，但是可以明顯看出，有遭受外在因素影響阻礙，而改變原本發展的情況，特別是事業線粗細不一，頭腦線以下的部分，紋路開頭細小不明顯，慢慢的稍粗了起來，等越過頭腦線後，又非常的細小，越過感情線以後，紋路又粗了起來，這表示心態上的歷程，粗就是勤勞進取，細就是懶散逃避，粗細不一的情況，也就象徵事業運的坎坷。

八大丘

案例一

沈先生、五十五歲男性，目前從事殯葬業，個性急躁、脾氣火爆，對客戶的服務很不好，經常被抱怨投訴，人際關係不是很理想，業績慢慢下滑，但自己卻又無法改善，想找別的工作謀生，卻又考慮安穩以及收入的現實問題，態度一直猶豫不決，不知道該怎麼辦，對未來顯得徬徨無助。

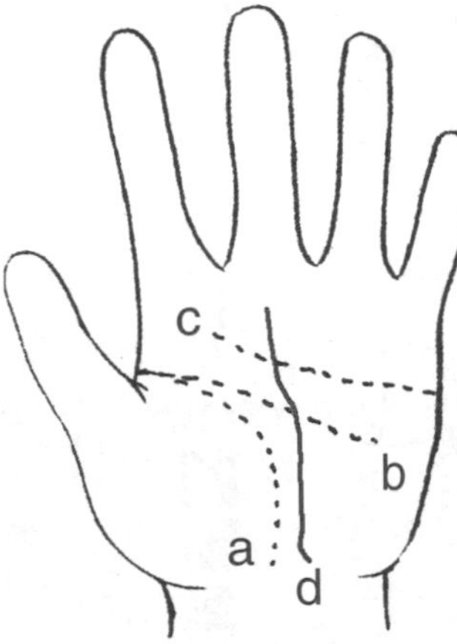

二、事業線頭粗尾細、掌中主線頭相連

事業線頭粗尾細就是事業線雖然筆直沒有彎曲，但是整體的紋路來看，有越來越細的現象，表示事業的基礎很穩固，但隨著時間的經過，業績有走下坡的情況，這除了環境的因素之外，大部分是企圖心減少，不負當年的理想抱負，因為歲月的關係而顯得力不從心，又掌中主線的部分，生命線、理智線開頭相連，凡事謹慎小心，步調傳統保守，心胸比較狹窄，容易執著、煩惱，有放不開的傾向，因此適應環境的能力較差，面對時

代潮流的挑戰，自然是有志難伸。

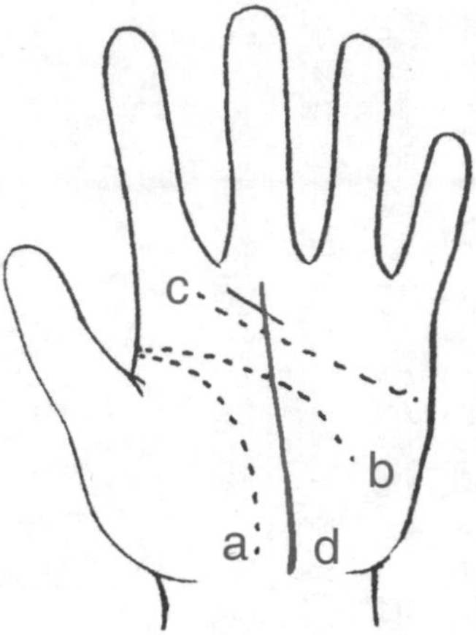

案例二

蔡先生，五十三歲男性，職業是汽車修護，年少時叛逆，不喜歡父母管教，整天在外遊蕩，曾有飆車的行為，因而迷上車子，投入這個行業，但卻跟人無法溝通協調，一直更換工作地點，但還是維持汽車修護的本行，直到結婚生子以後，才慢慢安定下來，對工作得過且過，等待退休的到來。

陸、固執己見、判斷錯誤的手相

固執己見是常見的毛病，也是事業上的失敗因素，特別是腦筋不佳、判斷較差的人，往往會因為如此而深陷困境當中，這通常可從事業線的長度是否超過理智線來衡

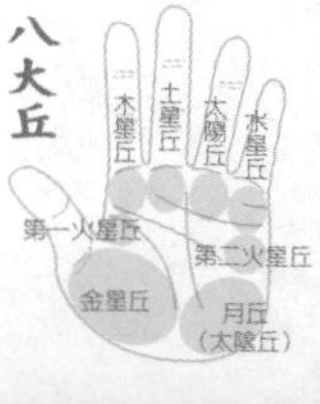

量，若未超過理智線的話，多半事業的基礎有限，往往後繼無力，沒有貴人幫助或資源供應，造成事業困頓的局面，若主線的形態又不佳的話，那情況很可能明顯加劇，而有一敗塗地的可能，以下舉兩組實例來對照。

一、事業線止於理智、三心二意失良機

事業線止於理智線，而不能繼續往上發展，表示事業受到了阻礙，多半是本身見識有限或觀念偏差的問題，所以對於工作的表現往往會積極爭取，但方式卻不懂變通，無法增加工作效率，而有事倍功半的現象，又事業線有由粗變細的變化，表示遭遇挫折之後，不但不懂得反省，反倒自怨自艾，心態上有懶散、消極的念頭，很容易猶豫不決，而錯失眼前大好機會，特別是投資理財上，若旁邊沒有顧問的話，很可能會孤注一擲，敗個精光而不剩。

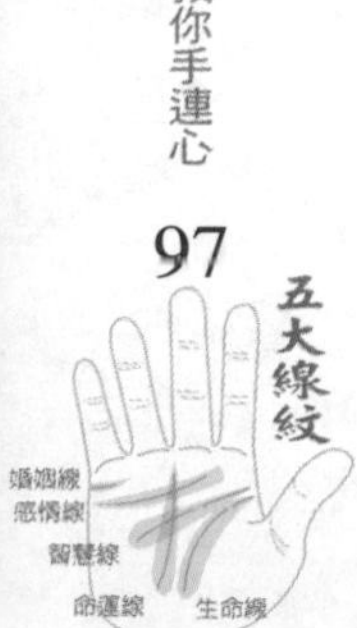

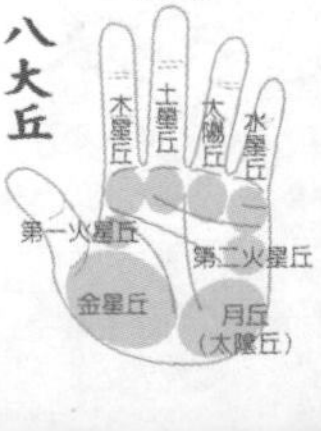

案例一

林先生、三十七歲男性，服務於證券投資部門，幫客戶分析市場趨勢，提供良好的諮詢，通常都能夠獲利，贏得不少客戶的掌聲與信賴，酬勞相當優渥，但由於個性缺乏魄力與勇氣，面臨投資時卻不敢當機立斷，自己反而慘賠不少錢，情緒上大受打擊影響，而有鬱卒難解的現象。

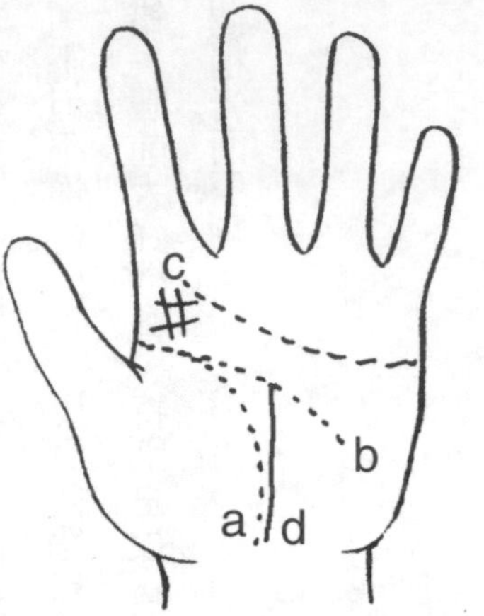

二、事業線微曲斷裂、心煩意亂茫茫然

事業線微曲斷裂，就是指事業線開頭微曲，表示早年心思不定，求學的過程散漫，成績不盡理想，以致於進入社會以後，事業的基礎薄弱，發展上備受艱辛，又事業線多斷裂，形狀上不完整，也沒超過理智線，表示受外力因素干擾，會經常更換工作，沒辦法穩定下來，當遭遇到問題的時候，卻沒有貴人幫助解決，導致心態上比較惶恐，久了之後反倒麻木不仁，認為自己沒有潛力，心煩意亂茫茫然，事業沒有出色表現，僅僅庸庸碌碌，平平凡凡過一生。

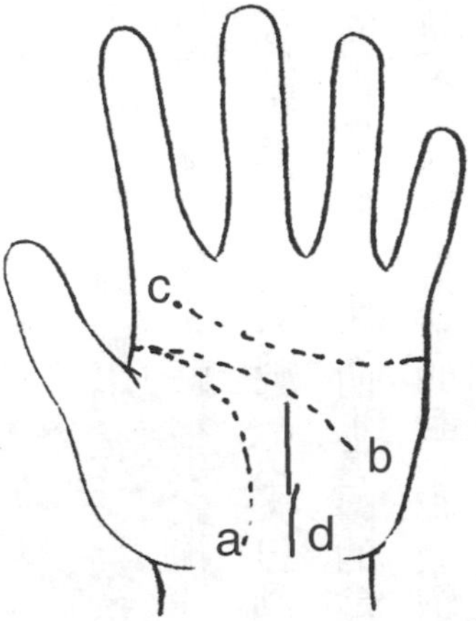

案例二

李太太、二十七歲女性，是負責賣場的銷售員，平常負責管理物品，還要點貨記帳，甚至於要服務客人，顯得非常忙碌不堪，加上口才不流利，不善於交際應酬，老闆看不下去，會站出來指責其不是，自已覺得很委屈，工作前途受到影響，對未來沒有想法，所幸婚姻生活幸福，丈夫還頗為疼愛。

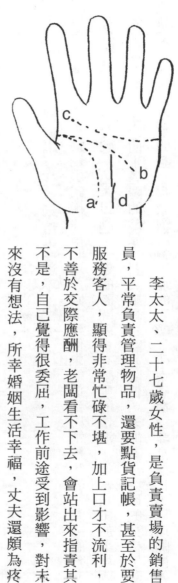

柒、線短運短、浮沉隨浪的手相

線短運短，是指事業線的長度而言，一般來說，事業線越長越深刻，表示事業運勢旺盛，有貴人相助，比較容易成功，若事業線越短越不明顯，表示事業運勢衰敗，容易遭遇麻煩，而造成失敗挫折，由這點就可以來判別，不過仍然要配合其他的主線參照，判斷上會比較客觀，不至於出現偏差，而這裡是利用感情線的區別來決定不同的事業發展，以下舉兩組實例來對照。

一、事業短線耐力差、環境變遷不由人

事業短線耐力差，就是事業線非常的短，向上延伸未能達到感情線，表示為人雖然善於經營事業，弄得有聲有色，但到了一定的時間就會有變動的情況，通常是由於環境因素的影響，使得自己萌生退隱的念頭，對於事業企圖心降低，未能尋求突破的契機，若此時又遭遇挫折打擊的話，那麼情況會更加的明顯，所幸感情線非常優良，可以彌補如此的缺點，會有貴人前來幫助，不會顯得那麼操心勞累，但過程仍然有反覆的現象。

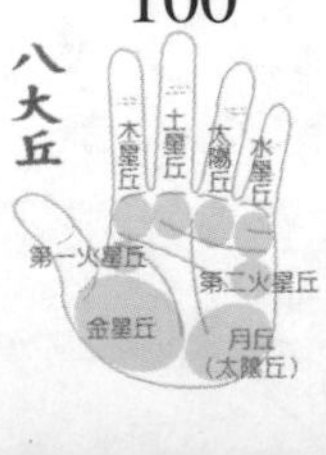

案例一

葉先生、四十三歲男性，販賣水果、蔬菜維生，給人家當夥計，由於能力不錯，辦事牢靠，所以很得老闆的歡心，老闆曾鼓勵其創業，獨立開店經營，但是由於三心二意，拿不定主意，所以一直屈就而沒有行動，這是因為欠缺信心的緣故，必須要拖磨一段時間，反反覆覆難以成就，現在已經獨自創業。

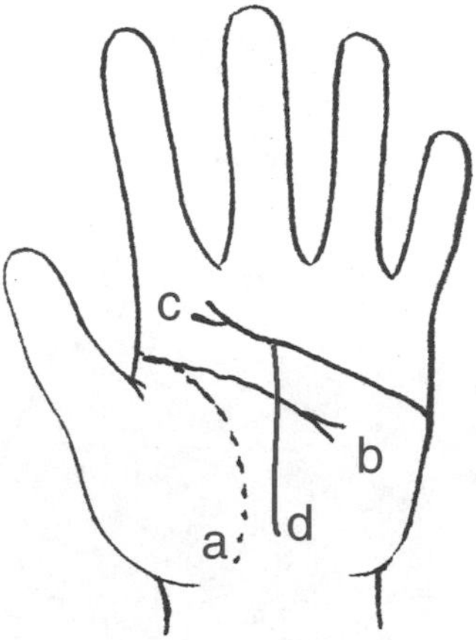

二、事業線短志不短、突破困境另創天

事業線短志不短，就是事業線雖然短，未能直接突破感情線，但紋路還算深刻明顯，表示基礎相當穩固，企圖心顯得旺盛，會願意打拚努力，但運勢不是相當順利，會有很多阻礙出現，但感情線上又延伸出支線，是事業線的輔助線，象徵事業能有所突破，多半是經歷過困境，但卻能夠冷靜反省，從中找到新的契機，有東山再起的盛況，不過手

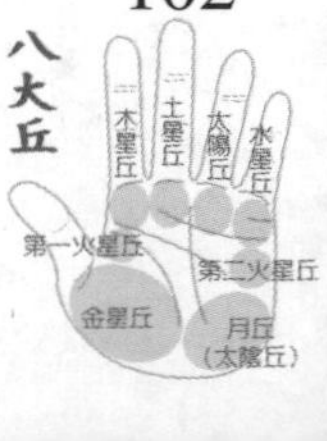

掌的食指過短，要注意朋友的拖累，最好不要輕信朋友的話，以免損失金錢財物。

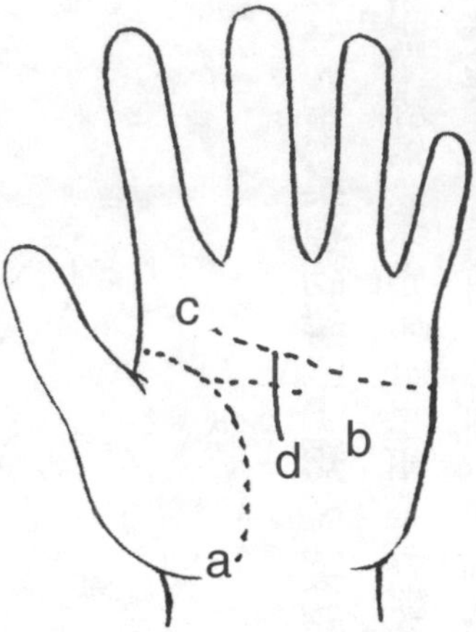

案例二

張先生、五十六歲男性，從小在異鄉長大，有豐富的閱歷見識，回故鄉發展，投靠親戚尋求發展，後來自行創業，開設貿易公司，由於人際關係良好，所以日見壯大，因此投資也逐漸擴大，但由於遭遇金融風暴，一下子損失慘重，陷入煩惱憂愁中，希望能突破僵局。

捌、破裂微弱、懶散怠惰的手相

以破裂微弱來說，這紋路非常不利於事業的發展，通常出現於懶散、怠惰的人掌中，不過卻有好幾種不同的情況，有的是因為基礎不良、環境背景的關係，所造成的現象，有的則是後天思慮不周、經營不善，所導致的事業危機，這點是必須要分別的，這裡是用事業線的開端，配合掌中主線的變化來加以論述兩者的心路歷程，讓讀者可以深入了解，以下舉兩組實例來對照。

一、事業線開端破裂、基礎動搖心懶散

事業線開端破裂，就是事業線的起點紋路出現破碎的現象，呈現出許多雜紋，表示早年求學過程不順，整天只想遊玩玩樂，所處的環境不太理想，造成人格的培養有問題，又加上是川字紋的影響，行事固執衝動，規勸聽不進去，因此會惹出煩麻，通常難以收拾，年長時，由於心思不定、基礎薄弱，做什麼行業都耐不住性子，總是不斷更換工作，難有出頭天的機會，生命線的部分也有斷裂的情況，若一直這樣下去，那天恐怕會因為不如意，而有輕生想不開的舉動。

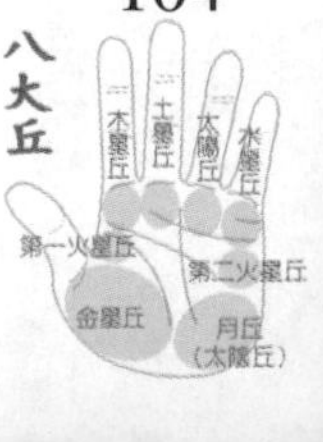

案例一

尹小姐、三十歲女性，從小生活環境複雜，身邊三教九流都有，本身腦筋聰穎靈活，但對學業不是很認真，成績非常不理想，加上感情思想早熟，亂搞男女關係，一度為情所困，有自殺輕生的舉動，命雖然救了回來，但整個人的態度轉變，顯得懶散無鬥志，工作方面敷衍了事，沒有任何成就可言。

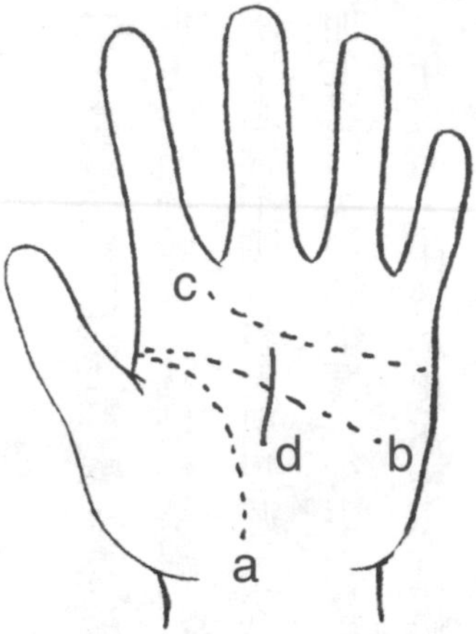

二、事業線短中途斷、身不由己隨風飄

事業線短中途斷，就是事業線不完整，有斷斷續續的情況，而且也未能達到感情線，僅止於掌中名堂的位置，又事業線多分岔細紋，表示為人缺乏恆心、毅力，有半途而廢的傾向，心思浮躁不安定，什麼事情都想做，但卻沒辦法專心投入，總是期待越大失望越大，加上環境變遷的因素，往往獨自哀怨感嘆，提不起精神振作，又婚姻線不太理

想，有紋路穿越的現象，表示感情婚姻不順遂，男女交往關係複雜，就算能結了婚，恐怕也不能長久維持。

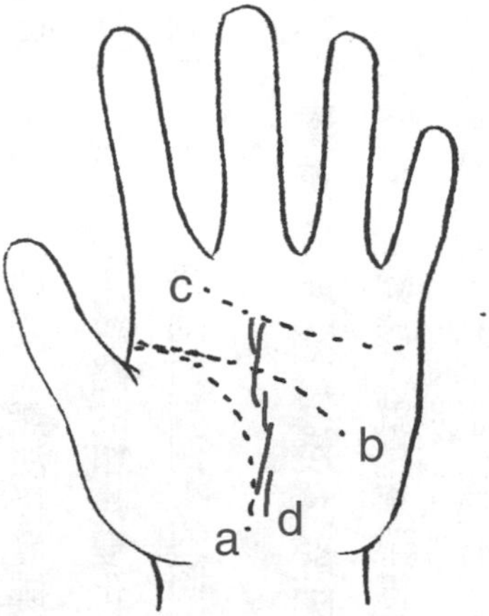

案例二

洪小姐、三十二歲女性，是做文書處理的工作，在青少年時期，生活不是很如意，有許多煩惱產生，不是家庭就是感情方面，靠著放縱自己來抒發苦悶，感情交往如同兒戲，到出社會的時候，身邊的桃花更多，經常有多角戀情，但卻不以為意，不過時日一久，反而影響到工作表現，有被主管解僱的可能。

玖、紋路轉淺、諸事難成的手相

紋路轉淺的現象，通常是代表一種轉變，如果在主紋的話，大多表示不利的因素影響，運勢有逐漸走下坡的趨勢，在事業線上而言，表示事業企圖心減弱，或遭遇到環境變遷，使得心思煩悶，無法抒發排解，若長期如此，事業恐怕難以突破成就，而顯得庸庸碌碌，這裡是用紋路的粗淺變化，配合事業線的長度來看，指出兩者的區別，讓讀者有個參考，以下舉兩組實例來對照。

一、事業線粗闊變淺、龍困淺灘難翻身

事業線粗闊變淺，就是事業線的開端紋路很粗闊明顯，但越往上的時候卻細微，表示早年意氣風發，充滿了自信心，會拚命投入事業當中，成果績效還算不錯，但是環境卻不如預期，受到相當大的限制，使得作風由激進轉保守，又不曉得該如何解決，身邊也沒有貴人幫助，頗有龍困淺灘的窘境，但由於事業線未突破理智線，表示為人膽小無擔當、缺乏判斷的能力，就算遇到好的機緣，也不敢勇往直前爭取，只能坐困愁城，中晚年事業，有逐漸走下坡的趨勢。

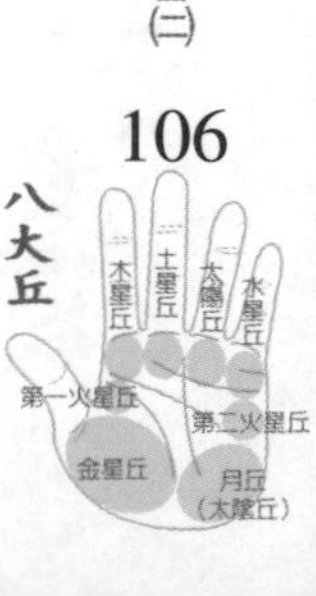

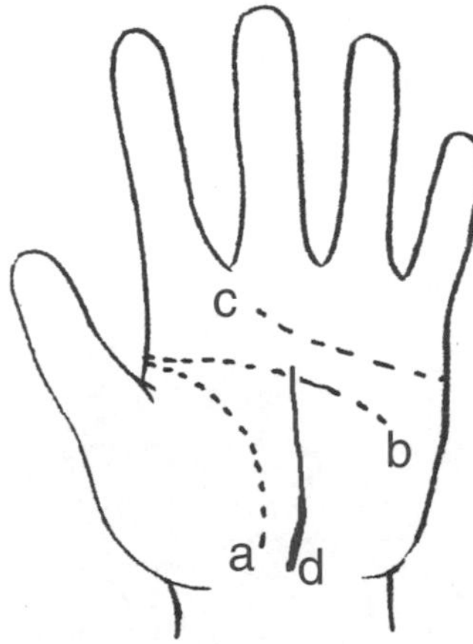

案例一

徐先生、三十七歲男性，目前擔任店員，早年生活顛沛流離，沒辦法獲得良好照顧，接受教育的機會不多，只能從事勞力的工作，平常沉默寡言，不喜與人接觸，而結婚以後，配偶雖然極力開導，幫助自己創業開店，但個性優柔寡斷，沒有判斷能力，最後還是失敗，結束店面經營。

二、事業線挺直清秀、可惜無力衝上天

事業線挺直清秀，就是事業線筆直沒有彎曲，而且也沒有雜紋干擾，原本是應該不錯的情況，但可惜卻未能突破理智線，表示雖然有些才華，但卻是繡花枕頭，只是中看不重用，事業的基礎不穩固，又理智線向下彎曲破裂，行事有急躁衝動的現象，所以容易與人爭執起口角，造成不愉快的糾紛，影響到身旁人事關係，事業必須自立自強，會顯得坎坷辛苦，若是面臨失敗的話，恐怕會拖累許多人，事業很難東山再起，會有退隱歸去的念頭。

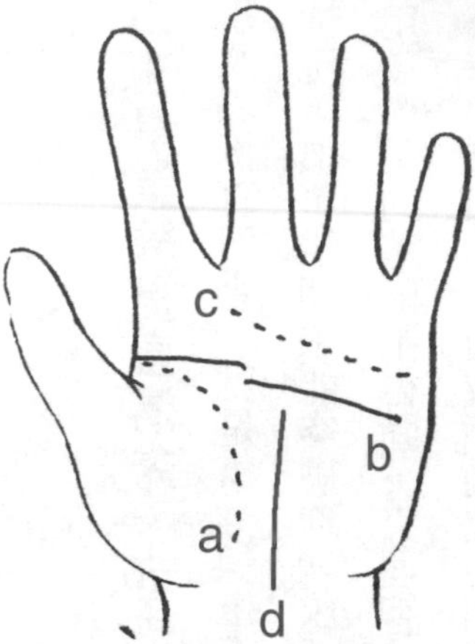

案例二

呂先生、四十八歲男性，繼承父親的生意，原本想有一番作為，卻處處受到員工、幹部，以及家人方面的阻擾，要他不要冒險擴大投資，以免毀了原有的事業基礎，因此一直很鬱悶，沒有辦法發揮才幹，不過情勢突然有了改觀，自己能當家做主，一度有好轉的跡象，但由於遭人拖累牽連，隨即又宣告失敗。

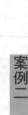

拾、開端不同、結局相異的手相

開端不同的事業線，自然背景基礎也就不同，塑造出的個性當然也有差異，不一樣的個性來主導事業發展，遭遇情況也有天壤之別，有些人固執己見，缺乏貴人幫助，直原地踏步，有些則是貴人不斷，卻耳根子軟，到處隨波逐流，這可以從事業線的起點，以及長度、方向來判別，配合主線的影響，那麼事業的狀態將一目了然，以下舉兩組實例來對照。

一、生命線上事業線、固執己見導失敗

生命線上事業線，表示事業線起點是由生命線出發，看似生命線的支線，但其實是事業線的延伸，這裡的事業線雖然挺直，但是紋路過短，僅止於掌中明堂，表示無法持續努力，欠缺恆心、毅力，加上尾端彎曲，表示容易受影響、心思搖擺不定，事業多半徒勞無功，創業往往會失敗，必須要有人從旁協助，並且要增廣見聞才能彌補本身的缺點，盡量不要隨便做重大決策，要從長計議會比較理想，若是勉強去執行，只會落得淒慘的結局。

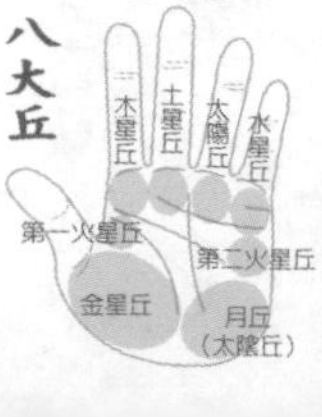

案例一

謝先生、三十九歲男性，由於不愛唸書上進，很早就出社會打滾，雖然家庭環境不錯，但卻沒有實際幫助，凡事喜歡靠自己，不愛欠別人的人情，堅持努力的結果，終於創出一番名堂，但由於不善理財，守不住金錢，會有被拖累的可能，所幸太太從旁協助，經濟勉強穩定下來。

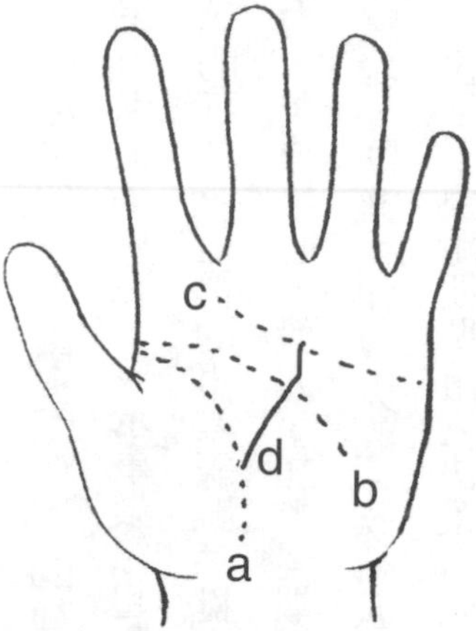

二、月丘延伸事業線、貴人相助性被動

月丘延伸的事業線，就是事業線起點從太陰丘往上延伸，表示為人交友廣闊，能得到眾人的幫助，對事業有一定的幫助，特別是異性的朋友，會給予某種程度的支持，不過由於紋路細微，表示個性較缺乏主見，容易受別人的影響，事業不敢放手去做，總是會擔心、猶豫，而延誤了最佳時機，又事業線尾有掃把紋，表示什麼都想做，但卻較不專一，成效不是很好，所幸理智線明顯稍長，情況不至於那麼嚴重，不過婚姻線有開岔，

婚姻多半不理想，有出軌離異的可能。

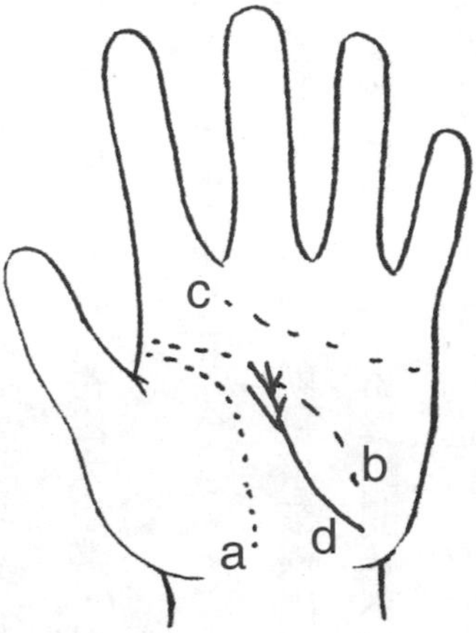

案例二

許小姐、二十四歲女性，朝九晚五的上班族，個性非常的主觀，脾氣不是很好，有情緒化的傾向，在感情方面，想法太過天真夢幻，有點不切實際，經常被人欺騙而吃虧，雖然後來結婚，但卻難掩本性，最後外遇偷情，被丈夫發現，結果只好以離婚收場，從此工作不停更換，最近才有想安定的念頭。

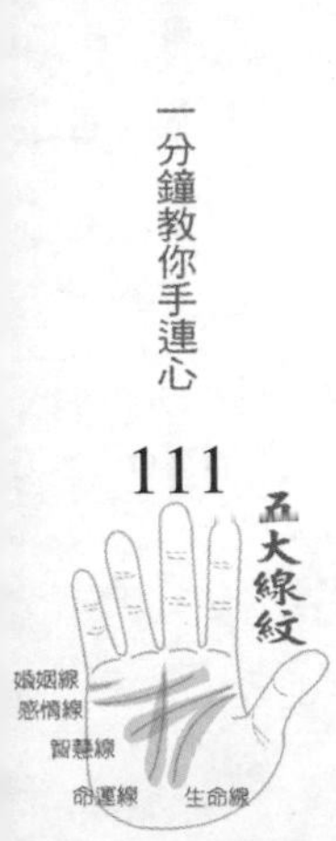

八大丘

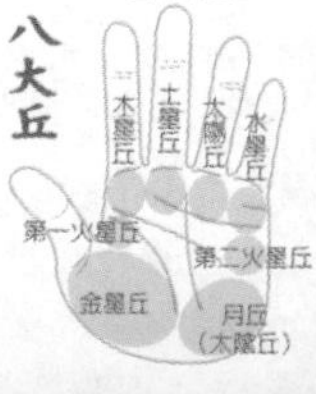

拾壹、出現缺口、眞假有別的手相

掌中紋路同樣出現缺口，但是情況卻不一定相同，這是因為缺口真假有別的緣故，真的缺口就是紋路中斷，而且長度跟位置都不理想，表示事業運勢衰敗下坡，問題接二連三的發生，而顯得無力乏天，而假的缺口就是紋路雖然有缺口，但卻分岔往上發展，不曾受阻於理智線或感情線，表示雖然一時之間受到阻礙，有迂迴前進的現象，但終究能有所突破，成就一番偉大事業，以下舉兩組實例來對照。

一、理智線上下缺口、工作吃緊運勢衰

理智線上下缺口，就是事業線出現有缺口，剛好都在理智線的附近，看起來像被理智線分割的情況，表示事業剛開始不錯，但卻後繼無力，有發生劇烈改變的情況，工作上顯得吃緊，有心無力的進行，又紋路不夠明顯，表示容易受環境影響，有屋漏偏逢連夜雨的現象，總是遭遇不良的時機，而事業線止於感情線，表示受感情牽絆，特別是親朋好友，導致錢財容易損失，造成工作勞累，壓力十分沉重，有勞碌命的傾向。

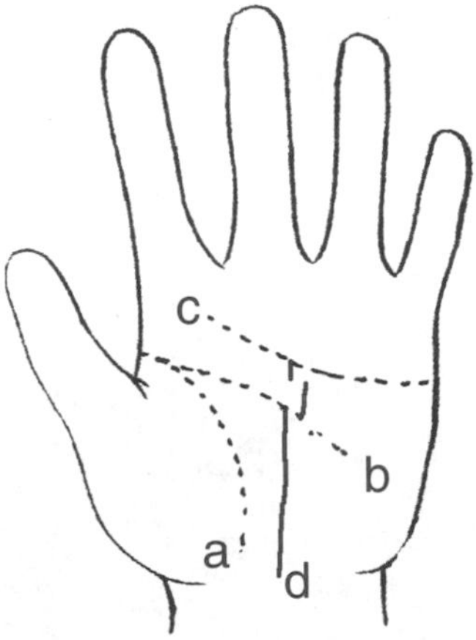

案例一

方先生、四十歲男性，在酒店當員工，人際關係不協調，特別是跟上司的關係，顯得緊張而有摩擦，總是無緣無故被盯上，情緒因而忿忿不平，工作氣氛相當不愉快，幾乎要辭職不幹，但經過一段時間適應，想法已經調整改觀，事業沒有什麼問題，但感情方面需要注意，才不會因此而誤事。

二、事業線缺口分岔、轉變方向得生機

事業線缺口分岔，看起來是不利的影響，但是紋路卻是分岔向上，可視為絕地逢生，事業有轉變的情況，多半是轉換跑道，不過由於紋路相連的關係，跟以前的舊業有一定程度的關聯，經驗上都能獲得助益，人脈上也比較廣闊豐富，雖然是如此，但轉變當中難免有波折，這是由於紋路不完整的影響，必須有一段過渡時期，才能夠脫胎換骨、浴火重生，而且財富線不理想，事業線也未超過感情線，跟親朋好友的借貸關係，要特別

小心謹慎，以免被拖累牽連。

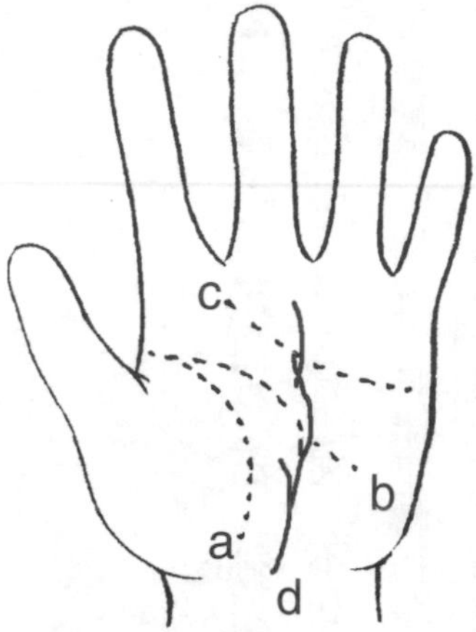

案例二

黃先生、六十一歲男性，從事製造業多年，由於個性專注、企圖心強，事業剛起步的時候，就奠定了良好的基礎，業績一直維持得不錯，但由於心態的關係，做事情非常果斷，速度非常急促，欠缺長遠的考慮，終於因為決策的失誤，而有損失的情況，目前事業讓兒女繼承，退休到海外去了。

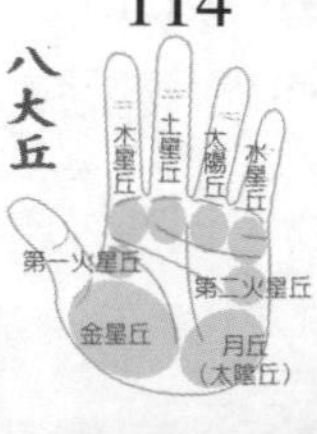

拾貳、多變詭譎、等級有分的手相

多變詭譎的事業線，非常難論斷的原因，最主要是缺口的判斷，以及紋路的發展方向，若是出現缺口，但仍有紋路向上延伸，表示事業雖然中斷，但未曾想過放棄，只是換個跑道而已，但若是紋路顯得微弱，那麼頗有力不從心的感覺，對於事業就不會全心全意投入，若配合理智線跟感情線參照，便會發現不同因素的阻擾，使得同樣的結果，原因卻是大不相同，以下舉兩組實例來對照。

一、事業線斷口過多、紋路深淺探虛實

事業線斷口過多，就是應該筆直完整的事業線有多處間斷的情況，表示受到環境改變的因素，而導致工作情況不穩定，也可解釋為更換工作，另謀出路來發展，但由於紋路越來越細，表示雖然轉換跑道，但不如預期中順利，反而煩惱叢生，以致於有意志消沉的現象，又理智線尾端有缺損，表示不善於思慮規劃，是隨著眼前情勢起伏，不懂得累積實力、逆勢操作，難有出人頭地的一日，在金錢方面，要注意朋友的惡意侵占，盡量要想辦法推託，才不會有所損失。

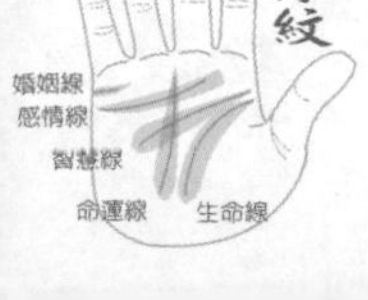

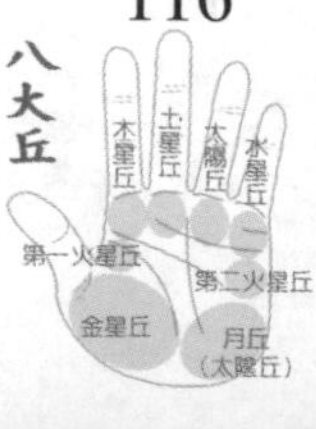

案例一

游先生、三十三歲男性，從事貨運搬家的工作，工作態度懶散，經常辦不好事情，只得不停更換工作，剛開始很賣力投入，但過段時間就冷卻，提不起勁來，對朋友雖然講義氣，但不懂分辨是非，有被拖累的經驗，但還是學不會教訓，事業上如果不痛定思痛，好好的反省檢討，恐怕會落入惡性的循環當中。

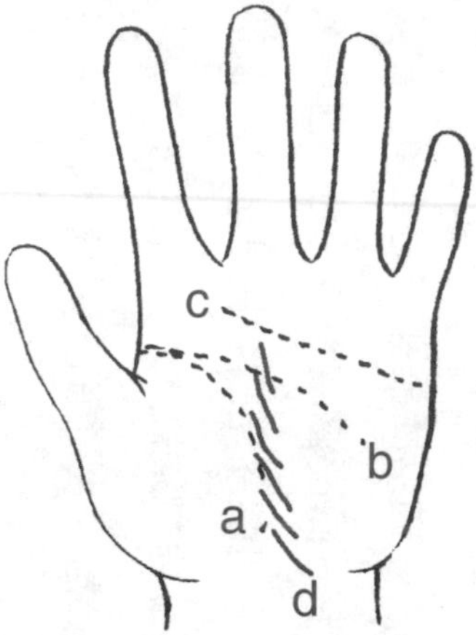

二、事業線微弱無力、斷口呈現坎坷路

事業線微弱無力，就是事業線不夠明顯，表示運勢不夠旺盛，為人企圖心不夠強，總是隨波逐流的盲從，導致不少無謂的損失，事業上缺乏耐性，會挑剔環境，人際關係不夠圓融，又缺口過多的關係，表示經常轉換行業，顯得奔波勞碌，而事業線未能超過感情線，也表示受感情的牽絆，以致於無法穩固事業基礎，甚至有因此被拖累的情況，所

幸中指下有一條紋路，是事業線的浮現延伸，晚年若能痛定思痛，按部就班來行事，應該另有一番風光可言。

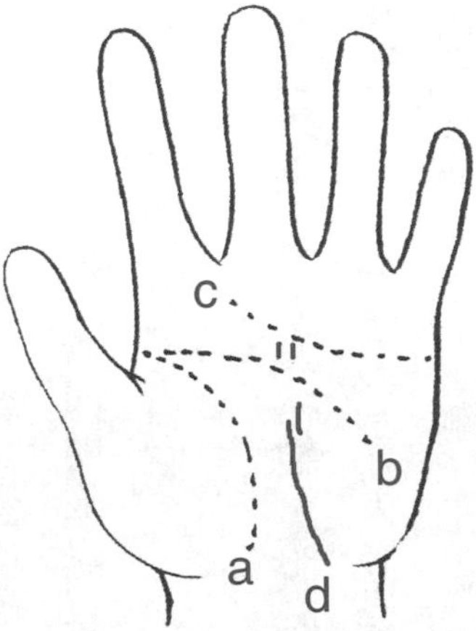

案例二

簡小姐、三十六歲女性，現在是門市銷售員，年輕異性緣佳，很小就談戀愛，畢業後什麼都不懂的情況下，就跟富有的男友結婚，但嫌少奶奶的生活苦悶，又因為事業心的關係，便去尋找工作賺錢，期間認識新歡情夫，不久便發生婚外情，婚姻鬧得以離婚收場，但情夫也捲款潛逃，只留下大筆的債務。

八大丘

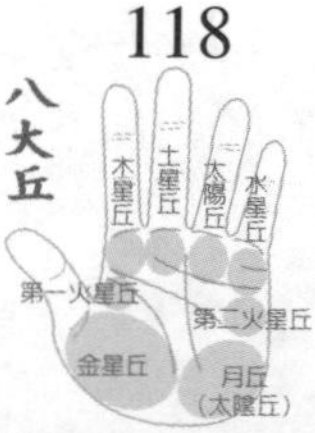

拾參、缺口有損、天差地別的手相

缺口有損的事業線，當然不是很好的現象，表示事業一定遭遇到阻礙，雖然無法直接斷定原因，但大多不是來自於環境的因素，就是自己的心態使然，但還要參照掌中其他主線會比較客觀，尤其是同樣是缺口的情況，往後紋路的發展方向不同，運勢自然也就不同，不可以一概而論，有的是由好轉壞，有的是由壞轉好，這點是需要詳加斟酌的，以下舉兩組實例來對照。

一、事業線上方格紋、脫胎換骨大不同

事業線上方格紋，表示為人心思散漫，不懂得努力上進，所以事業的進展有限，不過也代表某種的轉變，如剛好在頭腦線以下，表示早年的時候，大多是在求學階段，所以成績並不會很理想，讓父母親相當操心，加上理智線起點出現島紋，更是確定其人判斷偏差，很容易逞兇鬥狠，跟人發生嚴重衝突，又感情線開端也是破裂，因此一直滿孤僻，總是得不到溫暖呵護，所幸婚姻線出現許多直線，表示姻緣相當旺盛，事業線經過

頭腦線以後，非常的筆直挺立，表示後來運勢看好，會有貴人出現幫助，只要全心打拚事業，成功的機率就很高。

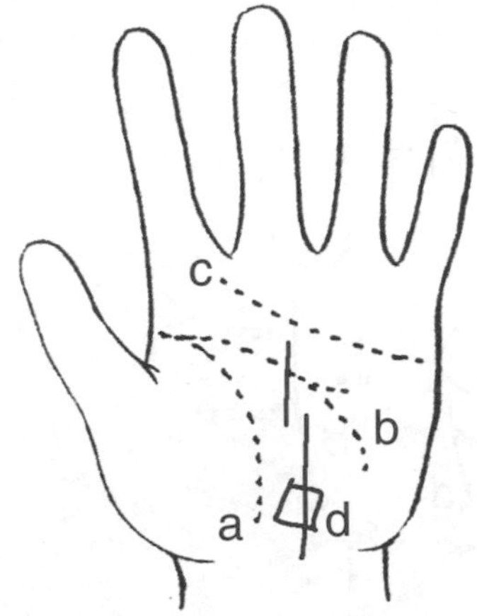

案例一

呂先生、三十三歲男性，負責印刷作業員，童年生活貧苦，欠缺家庭溫暖，很早就出社會打滾，有暴力逞兇的傾向，感情生活複雜，跟不少女友同居過，但卻都沒有結果，工作也是過一天算一天，最後遇到了現任老婆，從旁協助自己，恢復了些許的信心，但卻對未來感到徬徨，不知道何去何從。

二、事業線多處斷裂、不務正業到晚年

事業線多處斷裂，表示事業運勢不理想，為人缺乏抱負理想，生活顯得散漫無目標，

做事情經常虎頭蛇尾，不能夠堅持到底，各方面的基礎較差，將來在工作上會比較辛苦，很容易不停更換環境，又感情線有島紋出現，表示情緒不穩定，會有起伏的現象，遇到挫折的時候，若不好好處理的話，恐怕會造成問題，又掌中有雙重婚姻線，表示結婚早、離婚也早，事業上容易被男性拖累，所以生活難免有不如意，要晚點結婚，仔細挑選對象才行。

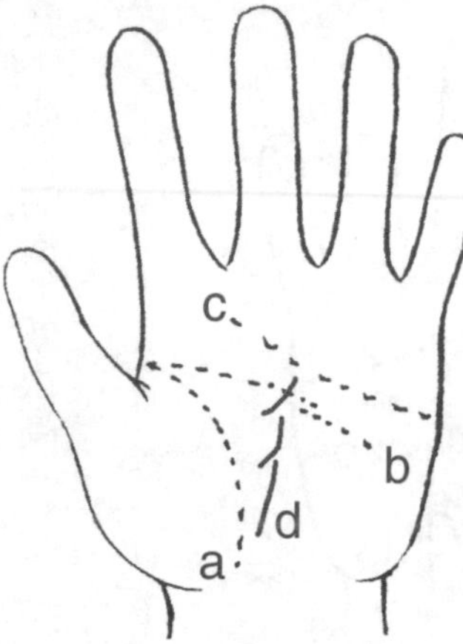

案例二

尤女士、四十三歲女性，早年家庭環境差，受到的照顧較少，很早就離家出走，跟男友奉子成婚，但婚後個性不合，因此雙方協議離婚，接下來整天遊手好閒，缺錢才想要去工作，又跟不同的男性同居，生活非常的糜爛，但最後認識現任丈夫，覺得對方老實可靠，便決心下嫁，現共同經營店面。

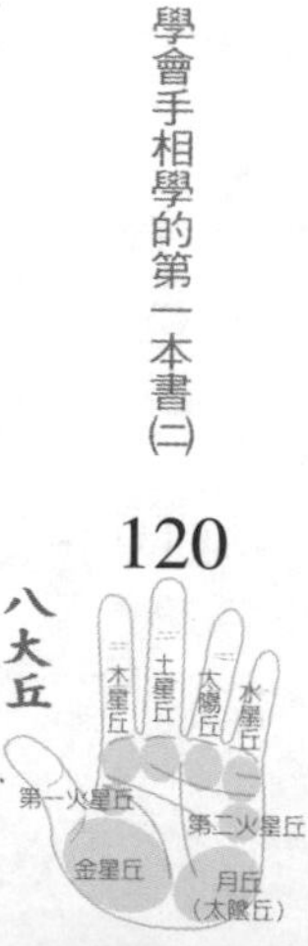

拾肆、福祿深厚、萌芽在發的手相

福祿深厚的人，就是說身旁人脈及資源較充沛，所以當面對失敗挫折的時候，還可以東山再起、重新振作起來，不過重點還是取決於個人的心態，因此對於事業線的說法，特別要重視個性的發展，所以要參照理智線、感情線，因為個性影響運勢的發展，同樣的情況，若應對的方式不同，結局自然也就不同，以下舉兩組實例來對照。

一、雙重事業線缺口、創業之路坎坷行

雙重事業線缺口，表示為人有兩條事業線，表示企圖心非常強烈，擁有過於執著的意念，會想要自己創一番事業，而不希望屈就於他人之下，但是兩條事業線都出現缺口的情況，表示創業容易遭遇到阻礙，有到處奔波勞碌的現象，配上理智線尾端的三角紋，知道其人好說話，經常被朋友欺騙，生活當中的變化起伏很大，又婚姻線成波浪狀，金星丘有多條細紋，象徵感情不順利，過程刻苦銘心，不太適合早婚，否則會造成負擔甚至被拖累，所幸感情線上，有事業支線向上，表示晚年風光不錯，可以順利行事。

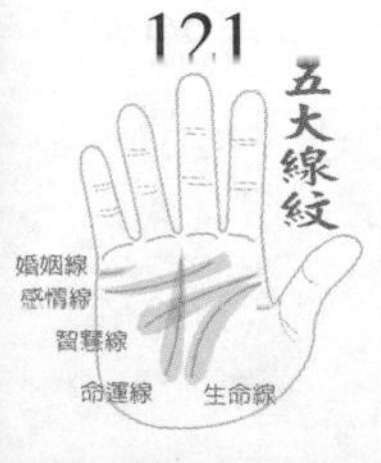

案例一

錢先生、四十九歲男性，從小很有理財觀念，對生意很有興趣，因此畢業後就自行創業，而且還不停的開發，經營多種的商品，但是期間遭遇過挫折，而有感情用事的現象，還一度危及生命，但幸好本身意志堅定，不怕眼前挫折失敗，馬上又重新站起來，咬牙撐過去之後，現在事業經營得很成功。

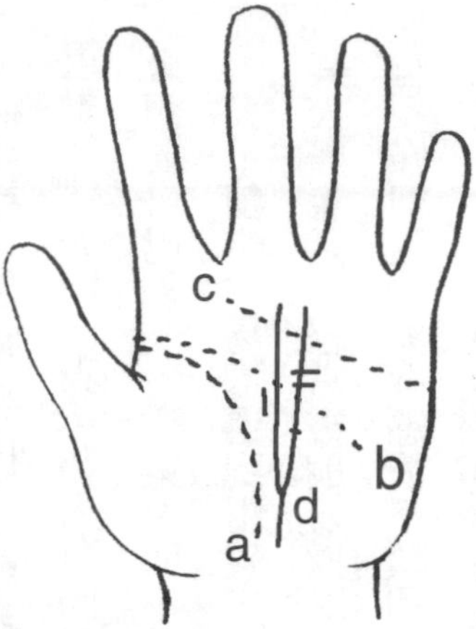

二、事業線開端粗闊、斷口阻礙前途展

事業線開端粗闊，表示事業的基礎穩固，顯得很有氣勢，但是卻好景不常，紋路逐漸的變細小微弱，以致於出現斷口的情況，表示遭遇到環境的限制，使得自己有志難申，加上中途出現斷口，很可能有創業失敗，或是工作被裁員的情況，顯得相當的辛苦無助，而婚姻線向下彎曲，表示婚姻生活不順利，恐怕有出軌外遇的可能，也連帶影響到

事業發展，所以理智線之下，感情線以上，此段的事業線清秀良好，表示中年運勢大有可為，只要懂得積極進取，晚年有守成的話，還能勉強保住安康的生活。

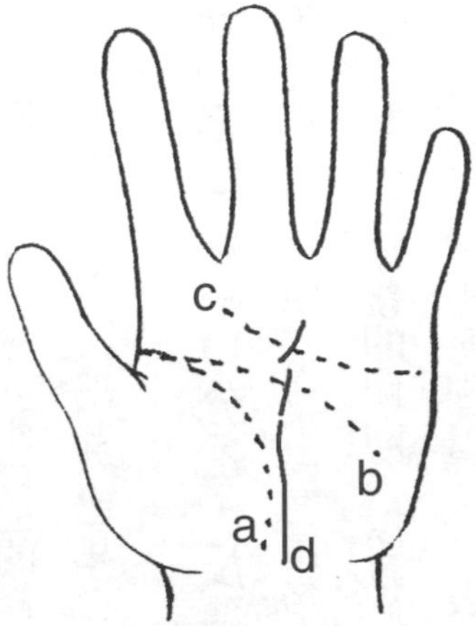

案例二

蔣先生、五十三歲男性，也是企圖心強，很早就出來創業，過程幾番起起伏伏，通常都能夠化險為夷，不過由於感情不倫的因素，直接影響到事業發展，無法自拔的結果，導致最後人財兩失，只好四處舉債度日，生活相當貧苦，但自己痛定思痛、逆流而上，頂下別人的商店經營，現在已經還清債務。

拾伍、片斷線紋、慘澹經營的手相

片段線紋就是說，事業線是斷斷續續，看似拼湊起來的一樣，表示說事業發展不順利，有許多的挫折失敗，也象徵為人意志浮動，有懶散怠惰的傾向，想到什麼就做什麼，一點也不考慮現況和自己的條件，還會怪罪他人不支持，這種駝鳥心態的人，事業註定是失敗的，但一種固執己見，另一種則是缺乏主見，以下舉兩組實例來對照。

一、事業線缺口分岔、反覆無常遭挫折

事業線缺口分岔，表示事業運勢不佳，經常有阻礙產生，而且為人心思浮動，意志不堅定，有反反覆覆的傾向，以致於工作無法專注，整天變換來變換去，累積的成果有限，又事業線停止於感情線下，表示容易自怨自艾，不懂得檢討反省，常被人情世故給拖累，造成事業上的負擔，特別是金錢方面的問題，會喜歡佔人家便宜，有過河拆橋的舉動，讓人家心生反感，不願繼續往來交易，若不能腳踏實地的話，中晚年以後，經濟將拮据困頓。

八大丘

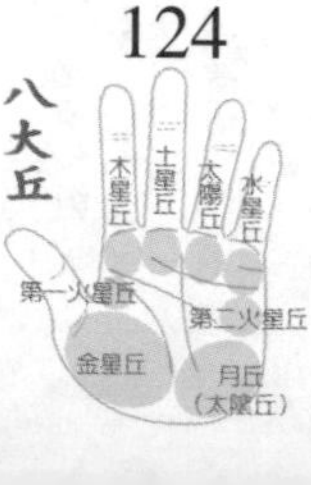

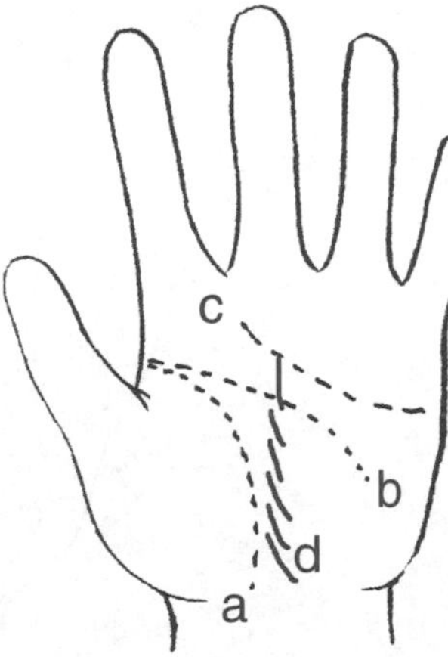

案例一

徐先生、三十四歲男性，擔任觀光導遊的工作，也是擔任保險的業務員，只希望趕快賺到錢，其他的都不太理睬，因此人際關係上，會有勢利的心態，做朋友都是有所企圖的，等到沒有利用價值，就跟對方疏遠、形同陌路，因此大家都害怕他，在背後指指點點，自覺遭受小人構陷，其實是自作自受。

二、事業線細紋群聚、缺乏主見惹麻煩

事業線細紋群聚，就是事業線不止一條，而是無數條的細線，看起來像聚集的煙絲一般，表示心思雖然細密，但是太過憂慮煩惱，總是牽掛放不下，所以有多頭馬車的現象，事業總是一事無成，無法固定下來發展，如空中樓閣般不切實際，又事業線尾端彎曲，心態上有偏差的可能，會為了功成名就，而有誤入歧途的可能，又感情線紋路雜

亂，表示感情生活放蕩，男女交往關係複雜，有神經質的傾向，帶有嫉妒的心態，事業上不適合呆板的工作，比較適合藝術或創意的工作，會比較自在有彈性。

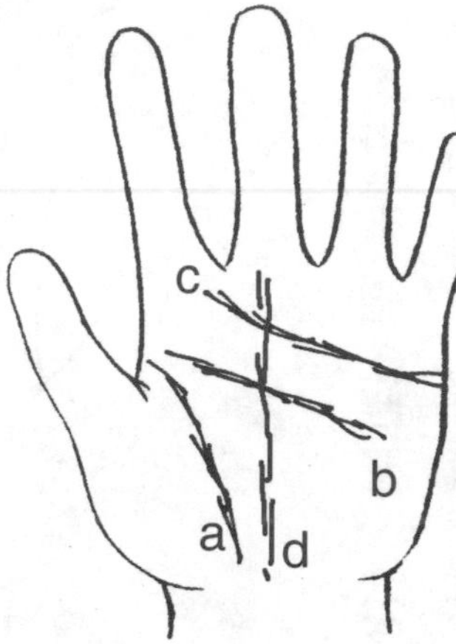

案例二

白小姐、三十歲女性，是某公司的公關經理，專門負責招待客戶，雖然是單身未婚，但感情世界複雜，跟不同的男性往來，多半還有利益的牽扯，靠這種關係來維持工作表現，但好景不常，最後東窗事發，只好乖乖辭職另找出路，但過程都不是很順利，求職一直四處碰壁，目前仍舉債度日。

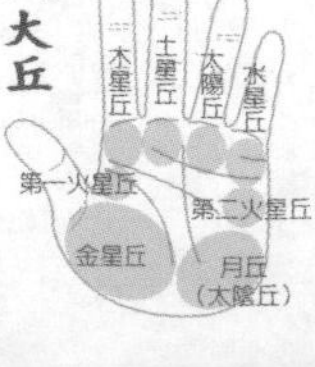

拾陸、紋路彎曲、前景堪慮的手相

紋路彎曲的事業線，表示事業有波動的現象，但過程是好是壞，還必須詳加判斷，不是說曲折是不好的，但多半會有延遲困頓的情況，讓人焦慮不安、徬徨無助，這時候就要看有沒有智慧，或者是勇氣魄力來化解，若掌中主線不佳的話，那麼代表個性不佳，運勢就沒有轉機可言，以下舉兩組實例來對照。

一、事業線彎曲不定、開頭結尾說分明

事業線彎曲不定，就是事業線的部分出現曲折的情況，而且還有兩處的地方，表示對自己缺乏信心，容易左右搖擺，受到環境或他人的影響，而想要改變方向發展，不過配合掌中主紋來看，理智線有開岔的現象，表示疑心病重，做事情猶豫不決，恐怕延誤了時機，而導致失敗的局面，又是事業線的起點，在生命線的內部，因此個性上、行事上，會比較傳統保守，很怕受到挫折傷害，因此無法冒險放手一搏，大刀闊斧的進取，前途自然而然會受阻礙，加上感情線有島紋，表示對異性很執著，感情交往容易受傷，更加拖累事業的發展。

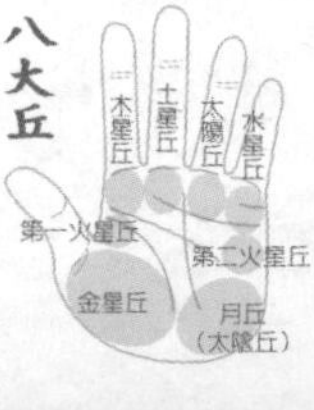

案例一

劉先生、二十六歲男性，現在經營園藝的生意，年輕的時候，就不願意當上班族，所以畢業後，尚未二十歲就自行創業，跟女朋友從事精品的生意，但兩人欠缺默契，老是爭執吵鬧，生意也明顯不好，所以就結束營業，彼此也協議分手，後來又重新做生意，但過段時間後，新女友仍另結新歡，重蹈以前的覆轍。

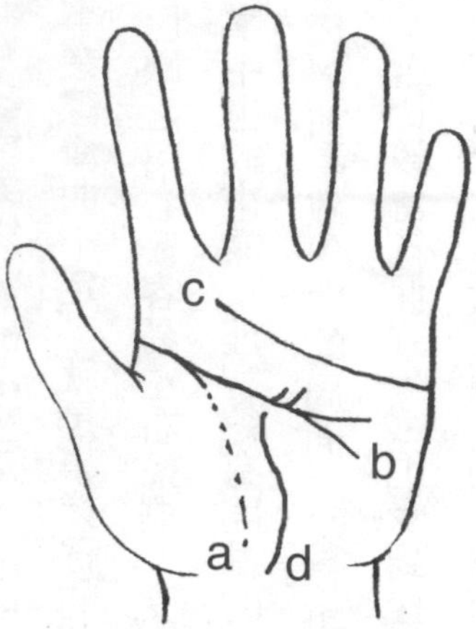

二、事業線尾端分岔、失去奮鬥上進心

事業線尾端分岔，就是說事業線的尾端分岔成為兩條支線，但由於形狀過於細微，而中段卻明顯清晰，表示早年企圖心旺盛，全心全意投入工作，隨著時間的增長，雖然一樣很重視事業，但卻有力不從心的感覺，漸漸失去奮鬥的意志，行事上會比較保守低調，不願意再創事業顛峰，晚年恐怕風光不再，又理智線跟生命線部分，開端相連過

長，一直到中指下才分開發展，表示受到過分的照顧，如同溫室般的花朵一樣，又理智線下垂，表示容易滿足現況，不求更好的發展，所以綜合論之，事業整體的發展，僅是靠著早期優越的條件，並非個人持續的努力所致，所以一旦環境有變就無法維持好光景，還可能連累到親朋好友。

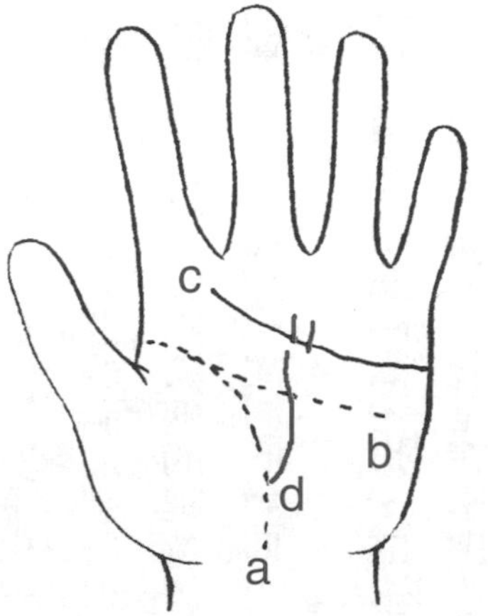

案例二

金先生、二十八歲男性，從小受父母親呵護，比較不能獨立自主，有強烈依賴的心態，因此缺乏上進心，畢業後原本要繼承家業，但自己卻不願意接受，想要跟同學合夥開電腦公司，但結果不如預期，只好賠錢關門，走投無路的情況下，只好回到父親身邊，但鬥志卻不如從前，充滿了無奈的感嘆。

拾柒、掌中明堂、難掩心態的手相

掌中明堂的位置，是看手相中重要的一環，因為許多重要的紋路在此處形成交錯的局面，若是受到阻礙的話，那麼很可能就產生阻礙，特別是事業線的發展，關係個人際遇的好壞，以及家庭婚姻的維持，所以必須抽絲剝繭，方能窺探其中奧秘，一種是有轉機的情況，一種是死胡同的局面，以下舉兩組實例來對照。

一、事業線明堂曲折、所幸突破有化解

事業線明堂曲折，就是在掌中明堂的部分，事業線出現了曲折的情況，使得方向稍微有改變，表示事業的發展有變化，不是自己的心態有問題，就是環境的影響導致，而參照掌中主線的理智線，形狀筆直而非常長，就是說個性上有主見，但容易自以為是，而顯得急躁衝動，因此可以斷定，是心態上的成分居多，使得事業遇到了阻礙，而感情線相當的粗短，表示做法容易偏激，影響到人際關係的協調，所幸事業線有突破感情線，代表懂得檢討反省，修正不好的缺點。

案例一

王小姐、二十八歲女性，從事化妝品的銷售，也是專業的美容師，本身的能力很好，事業心也很強，為了要賺取更高額的利潤，因此跟同夥合作，直接從國外進口化妝品，成本雖然降低許多，但一段時間後，客戶發覺化妝品有問題，要求損害賠償，害她只好關門大吉，心情一直很低落，遠赴異國居住來散心。

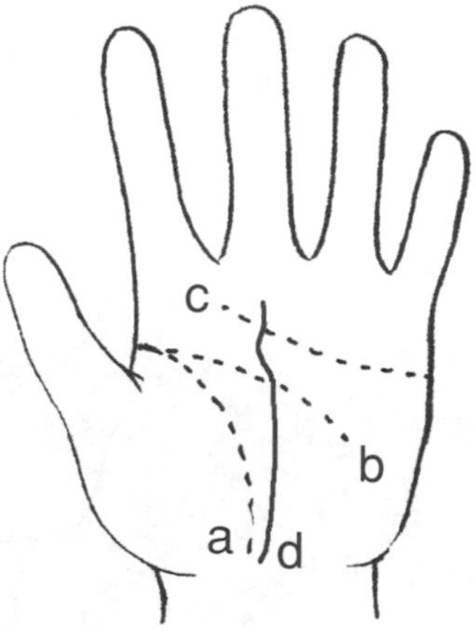

二、事業線一波三折、無奈感情捉弄人

事業線一波三折，就是事業線有許多處的曲折，特別是在掌中明堂的部分，如果彎曲的情況越嚴重，那麼表示變化越劇烈，本身心態跟週遭環境都有某種程度的轉變，導致事業出現嚴重挫折，又參照掌中主線來看，理智線尾端下垂入月丘，表示創造力豐富，但不容易面對失敗，有逃避現實的傾向，而感情線有端口開岔，表示人際關係有問

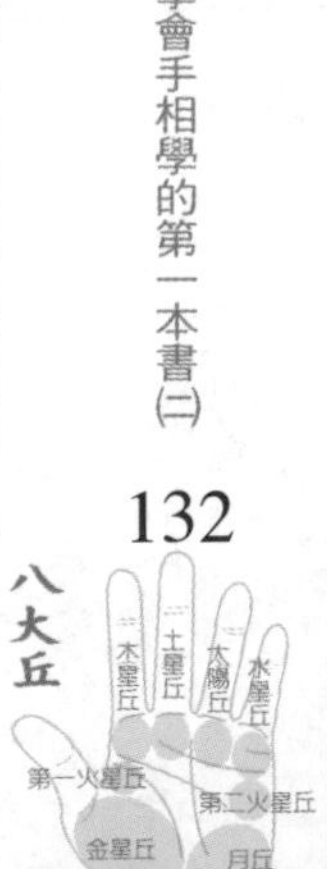

題，特別是感情婚姻，恐怕會有變數產生，多半是夫妻會離異，又財富線出現裂縫，對於投資理財不擅長，會有損失的情況，要特別的當心，不要從事賭博或投機性的行業。

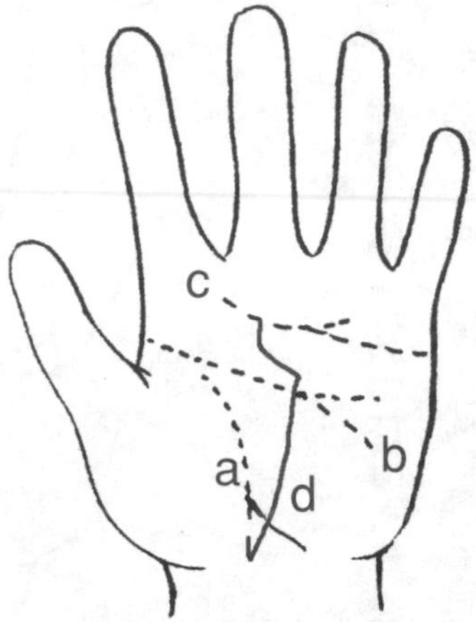

案例二

江先生、四十六歲男性，經營貨運行生意，個性非常主觀，勸告通常不聽，喜歡獨自做主，因此屬於自行創業的類型，由於刻苦耐勞，剛開始不怕辛苦，所以很快就有起色，事業發展得很順利，但是後來受朋友慫恿，將錢投資於房地產，結果卻慘跌虧損，付不出利息，只好將公司結束經營。

拾捌、理智受制、短視近利的手相

理智受制的情況，就是理智線受到感情線壓制，事業線又被理智線壓迫，所以其人多愁善感，很容易情緒化，無法當機立斷，所以事業的發展上，往往劃地自限，沒有冒險的精神，自然也就無法開展，遭受環境變遷的考驗，但其中有保守型跟衝動型兩種區別，以下舉兩組實例來對照。

一、事業線月丘延伸、紋路過短受牽制

事業線月丘延伸，就是事業線的起點源自月丘，表示能得到眾人的幫助，而成就一番豐功偉業，特別是異性的幫助，以及身旁的另一半，不過參照掌中的主線，理智線被感情線所壓制，形成假斷掌的情況，表示事業的心態保守，不敢採取激烈手段，總是等到問題發生了，才趕著想要去解決，缺乏深遠的眼光，所以不容易親近，對人事會有警戒心，被欺騙或損失的機會較少，但相對的，遇到貴人或好機緣的情況也不多，事業的進展顯得緩慢，若合夥創業投資，必須要挑選精明能幹的對象。

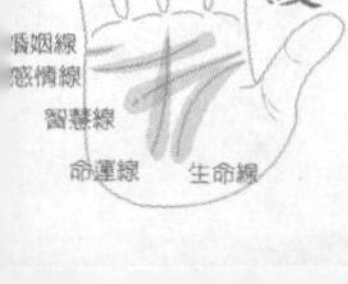

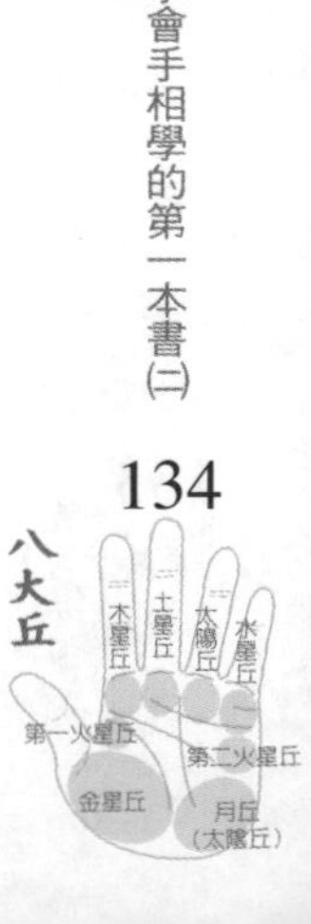

案例一

蔡先生，三十七歲男性，早期擔任銷售員，代理商品的販賣，等到有些資金後，便跟異性商量，一起合夥開店，店面的生意原本不錯，但在經營理念上有差異，本身缺乏遠見、膽小怕事，所以最後彼此拆夥，自己不肯死心，跟另一男士合作，但也是不了了之，只好安分守己，重回老本行謀生。

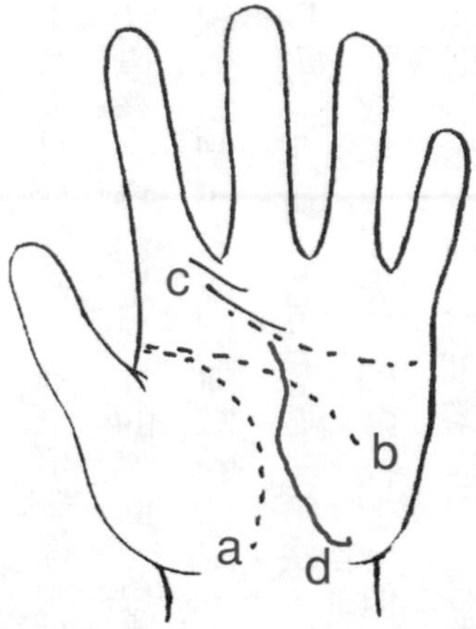

二、事業線粗闊曲折、主線開岔大不妙

事業線粗闊曲折，就是事業線的開端粗闊，但紋路卻越來越細微，表示自信心強、非常有主見，不過做事方面不牢靠，容易虎頭蛇尾，只會用嘴巴說得很漂亮，實際上卻辦不好事情，會引起旁邊人的不高興，甚至會在背後說閒話，人際是非的糾紛很多，當然會影響到事業的發展，又參照掌中主線來看，頭腦線跟感情線都有嚴重的開岔，表示個性反覆無常，有情緒化的可能，無法運用身邊的資源，反而會被旁邊的人牽連拖累，特

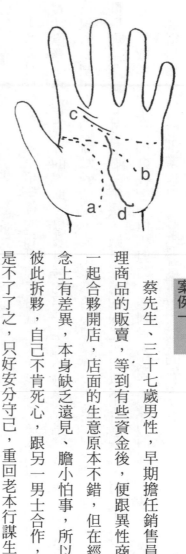

別是男女關係方面，會有輕浮的舉動，嚴重的話，恐怕會有牢獄之災。

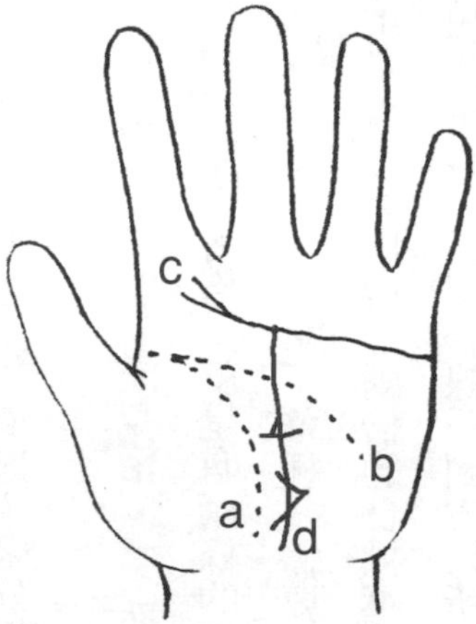

案例二

孫先生、三十歲男性，經營連鎖補教的行業，原本出國去唸書，但是不夠專心投入，只是混了個文憑畢業，回國之後，頗有生意的頭腦，於是跟幾個同學聯絡，合夥開了間補習班，名義上是打著教人子弟，實際只是想賺取暴利而已，由於心術不正，誘姦了好幾位女學生，而惹上官司纏身，最後散盡家財。

拾玖、方格紋路、糾纏不清的手相

方格紋路一般出現的時候表示停頓的意思，事情常會改變，但是轉好或轉壞的話，還是必須參照掌中主線的走勢，才能夠做出判斷依據，特別是事業線方格，一則表示受到阻礙，一則是反省磨練，這是不盡相同的說法，所以心態才是決定事業發展的關鍵，而這裡是從理智線作為依據，來分析不同的事業運勢，以下舉兩組實例來對照。

一、事業線雙重方格、矛盾疑惑自欺人

事業線雙重方格，就是有兩條的事業線，而在兩條線之間，出現雙重方格的情況，表示缺乏自主性，凡事不積極，需要人催促，工作不愉快，總是喜歡作白日夢，雖然有兩條事業線，可以像是兩倍的負擔壓力，受到環境的逼迫以及週遭人的影響，事業沒有什麼起色可言。又理智線受到方格所困，觀念比較保守，不敢突破創新，不少事情一拖再拖，無法當機立斷的決策，以致於喪失先機，未來的前途堪慮，最好不要勉強自行創業，以免遭遇到挫折失敗。

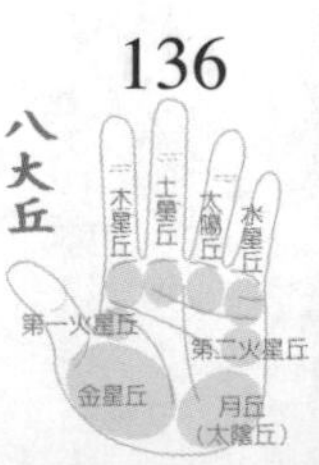

案例一

吳先生、四十五歲男性，從事雕刻的行業，但景氣不是很理想，只好到木材行工作，雕刻就成了兼差，原本是想暫時安身，等待時機好轉以後，再另外尋找工作，不料老闆滿關心照顧，讓自己產生猶豫，從此待著不走，雖然勉強可以過生活，但喪失了以往的鬥志，也因此跟老婆吵架，彼此走上離婚一途。

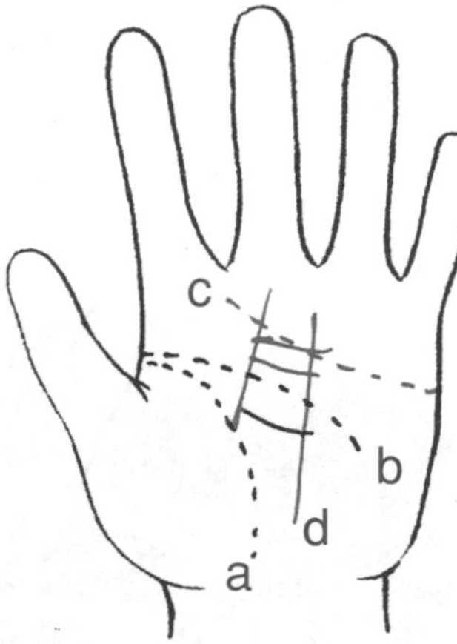

二、事業線出現方格、方格大小有差異

事業線出現方格，就是事業線的位置有方格紋，表示事業受到限制，有阻礙困頓的情況，又理智線跟感情線都有方格紋，表示容易是非不分，對現況不滿，經常批評抱怨他人，引起不必要的糾紛，人際關係顯得惡劣，使自己走進死胡同的感覺，又做事情不切實際、流於幻想，老是想做些超乎能力的事情，但卻又無法實現，而有懷才不遇的感

嘆，但這都只是自欺欺人而已，根本無助於事業的改變，所幸感情線清秀有力，表示能得到另一半的幫助，減少部分的辛勞、麻煩。

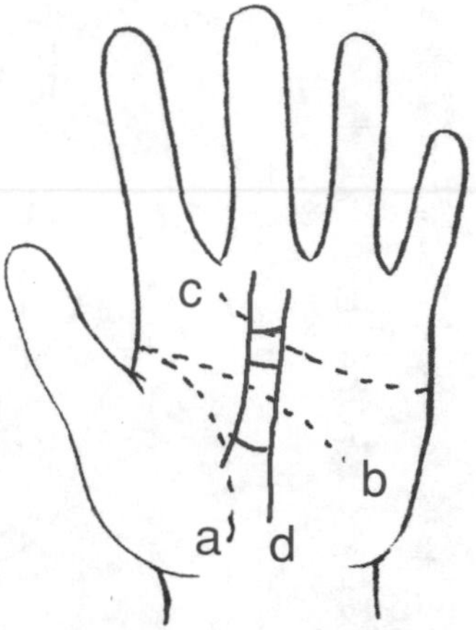

案例二

黃女士、三十九歲女性，從事美容業的工作，從小出身貧苦環境，所以渴望物質享受，才二十出頭，就隨便嫁給認識不久的中年人，只是為了貪圖對方的財富，由於沒有感情的基礎，後來還是離了婚，在缺錢的情況下，只好跑去做舞小姐，卻不幸得罪客人，只好銷聲匿跡，靜待時機、重出江湖。

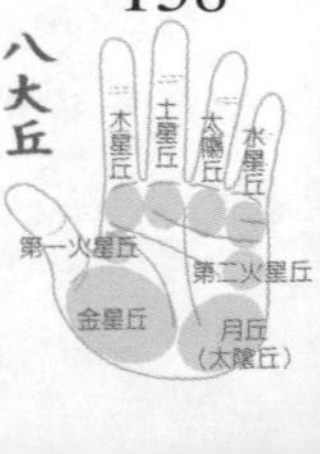

貳拾、太陰丘位、艷遇不斷的手相

太陰丘位的事業線不同於一般的事業線，一般的事業線是有單打獨鬥的味道，表示是自己努力打拚而成就一番事業，但太陰丘位則是遇到良好時機，有貴人從旁幫助，自己順水推舟，而慢慢做出成績出來，特別是異性的支持，跟另一半也有關聯，但起點雖然一樣，不過若尾端方向或是搭配的主線不同，情況也是有所差異的，以下舉兩組實例來對照。

一、事業線源自太陰、頭腦精明能搭配

事業線源自太陰，就是事業線從太陰丘出發，或是事業線有分岔支線，是從太陰丘發展的，表示事業方面能得到眾人幫助，貴人特別多，尤其是異性的朋友，再者，事業有可能遠走他鄉發展，或是在異國投資而成就，特別有經商的天賦，可以觀察到市場的趨勢走向，而正確的做出選擇與判斷，又頭腦線清晰深刻，表示為人意志堅定，有不服輸的精神，對環境變化有適應力，不會被競爭淘汰，所以事業的成功發達，是指日可待的。

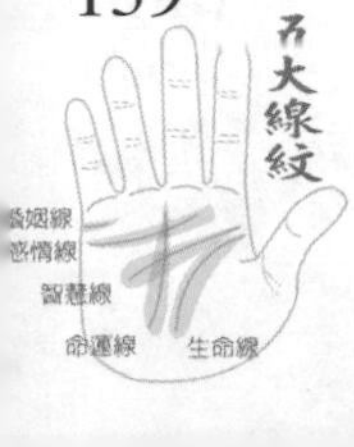

八大丘

案例一

賴小姐、四十一歲女性、經營快遞的工作，從小很有主見，懂得爭取權益，所以企圖心很早就展現，畢業後馬上就集資創業，但感情世界，卻如同兒戲般草率，早結婚也早離婚，後來跟現任丈夫努力打拚的結果，而當上管理階層，自己卻受到誘惑，跟異性發生關係，陷入痛苦煩惱當中，想尋求解決之道。

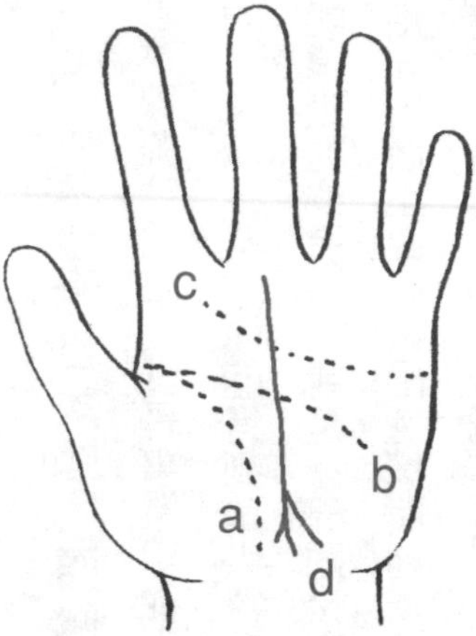

二、事業線開端分岔、遠方得財有艷遇

事業線開端分岔，就是事業線從太陰丘出發，或是事業線有分岔支線，是從太陰丘發展的，表示事業方面能得到眾人幫助，貴人特別多，尤其是異性的朋友，不過，參照掌中主線來看，感情線長度過短，有自私自利的傾向，不懂得愛護身邊的人，雖然有人幫助自己，但往往忠言逆耳，勸告聽不太進去，有剛愎自用的情況，而在遠方異國的發

展，感情方面容易有艷遇產生，若未婚的話，倒還無所謂，僅表示感情複雜而已，但若已婚的話，很可能產生不倫之戀，反而影響到事業的進展。

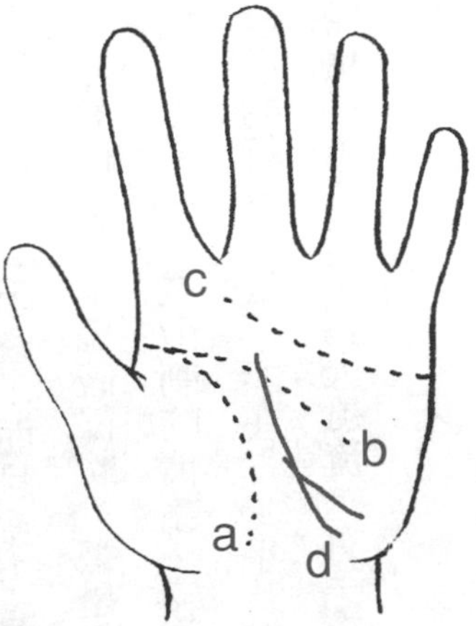

案例二

羅先生、五十三歲男性，是製造玩具的廠商，年輕時就非常打拚努力，由員工一路做到主管，得到老闆的賞識，把女兒嫁給他，由於直覺敏感，投資很有一套，總是能避開危機，又大陸改革開放，經過冷靜的思考以後，自已到大陸投資玩具業，訂單逐漸增加，業績蒸蒸日上。

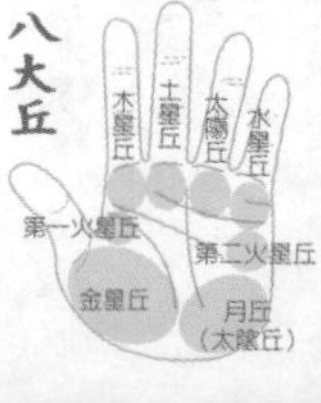

貳拾壹、島紋所困、情感累贅的手相

一、事業線止於感情、感情破碎受拖累

事業線止於感情線，表示事業線的尾端未能突破感情線，而且有稍微彎曲的現象，表示事業中途受到阻礙，而且意志有動搖的現象，恐怕是有難言之隱，參照掌中主線來看，感情線整體呈現破碎狀，總是尋尋覓覓真愛，卻都無法如願以償，成為心中沉重的負擔，影響到事業衝刺的情緒，又理智線的部分紋路短淺，有衝動行事的傾向，難以克制自己的行為，很可能在青少年時期，就渴望著男女戀情，而不顧慮到求學發展，婚姻線密集多重，表示為人風流，有一夜情的可能。

案例一

夏先生、三十一歲男性，從事酒品的販賣，認識不少的人脈，其中有很多是異性，年輕時便成為萬人迷，跟許多單身女性發生關係，或是到舞廳、酒吧有一夜情的行為，但也因此影響到工作表現，沒有很明顯的動力上進，只求安穩的過日子而已，到現在仍然是單身，表面上很風光，實則心靈空虛。

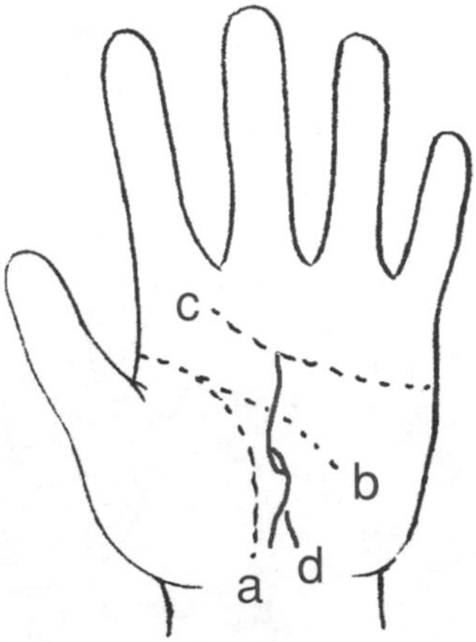

二、事業線出現島紋、起點不同運不同

事業線出現島紋，就是事業發展受到阻礙，又尾端沒有突破感情線，表示事業不如意、情場也失意，很可能遭遇雙重的打擊，但所幸事業線從生命線內出發，表示受到家庭的照顧很深，影響自己的所作所為，因此就算出現問題，也是會有家人來支持，加上手掌紋路清秀，沒有太多雜紋，所以不太會胡思亂想，願腳踏實地的專注工作，所以往

往會有轉機出現，但事業線粗闊不一，要注意環境的變化因素，採取適當的應變措施，才能夠避免嚴重損失。

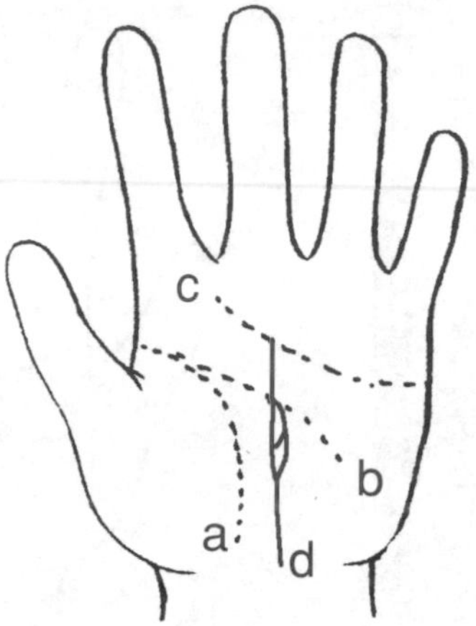

案例二

鍾先生、三十四歲男性，從事直銷的事業，還沒結婚以前，是做家具的師父，但認識了現任太太，由於對方父母要求轉業，否則不答應嫁女兒，只好加入直銷的行業，但適應力差、口才欠佳，所以業績不是很理想，收入比以前還要少，又經常被主管刁難，以致於鬱鬱寡歡，不知道該如何改變現況。

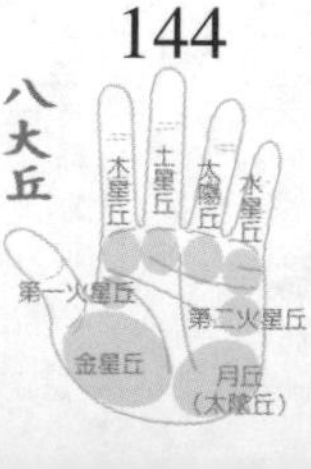

貳拾貳、相不獨論、情況有別的手相

一、事業線島紋破壞、木星丘痕紋阻礙

事業線島紋破壞，就是事業線的開頭有島紋，島紋一般來說表示阻礙，或是有外力因素介入破壞，導致本身的煩惱、憂慮的情況，但是也必須參照掌中的主線，特別是三大主線，在此理智線開端分岔，表示物質慾望重，很喜好享受，木星丘的部分有痕紋出現，因此會爭取名利而出鋒頭，但也因此招惹禍端，又感情線呈現破碎形狀，有多層重疊的現象，表示感情不順利，男女關係不正常，恐有風流艷遇或搭訕出軌的情況，而个懂得自我節制，又掌形多見筋骨，而沒有肉包覆，行事會比較極端偏激，產生執著的意念。

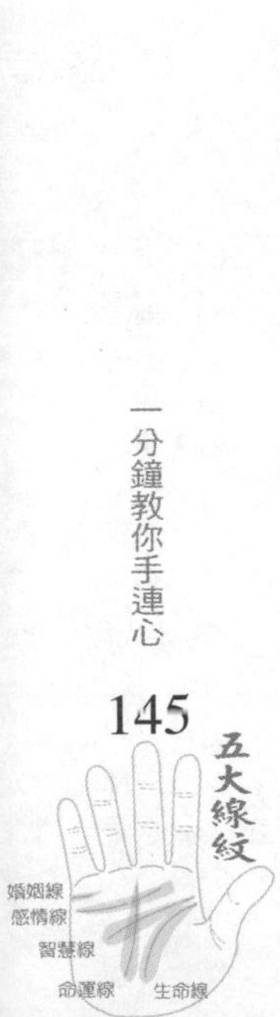

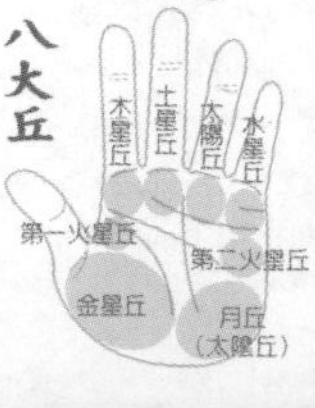

案例一

高先生、四十七歲男性，擔任警員的工作，表現得還算不錯，有過幾次的嘉獎，但要升遷的時候，結果卻出乎意料，而沒有順利成功，這是因為自己的行為不檢點，有貪污舞弊的現象，但真相是金屋藏嬌，在包養另一個女人，所以帳戶有不正常的出入，而影響到事業前途。

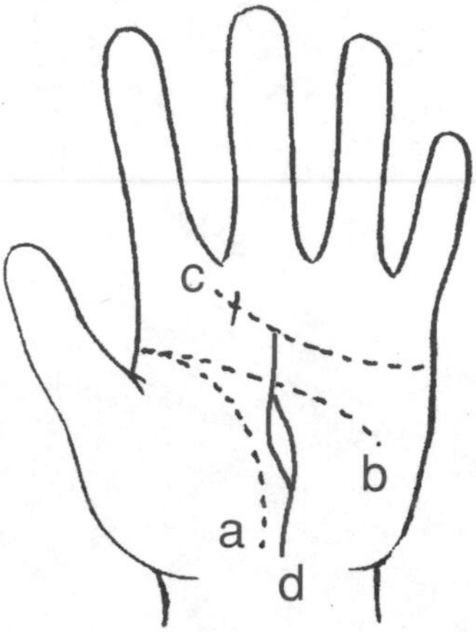

二、事業線從生命出、金星島紋惹麻煩

事業線從生命線出，表示事業線從生命線延伸向上，表示從小備受呵護關心，因此求學發展很順利，應該無後顧之憂，無奈島紋插入金星丘，表示容易沉迷某樣事物而無法自拔，或者是替他人出頭而拖累到自己，參照掌中主線來看，事業線停止於感情線下方，表示感情容易出問題，特別是異性交往方面，將會有嚴重爭執麻煩，多半跟桃色糾紛有關，無名指下有漏財線，對於財富掌握不順遂，投資理財操作要注意。

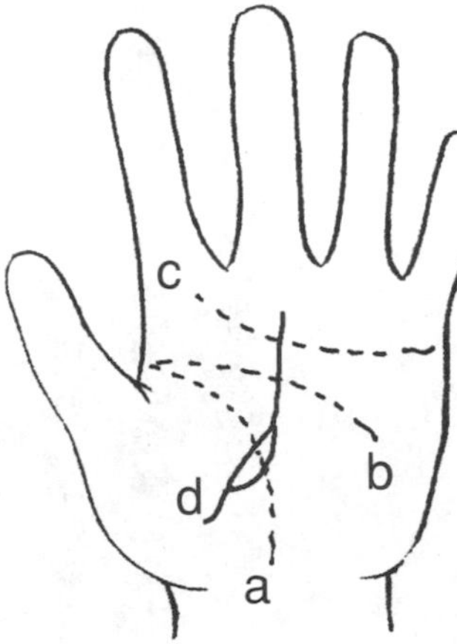

案例二

胡先生、三十二歲男性，大學畢業後當起老師，原本相安無事，但是發生了不倫之戀，跟女學生發生關係，對方憤而提起告訴，因此丟了目前的工作，缺錢花用的情況下，只好跟地下錢莊借錢，但由於利滾利的關係，還不起龐大債務，只好隱姓埋名，過著躲躲藏藏的日子。

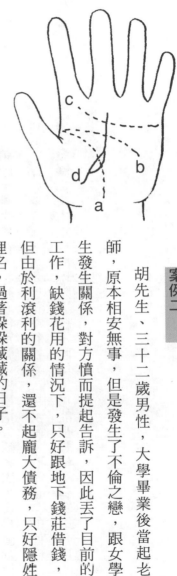

八大丘

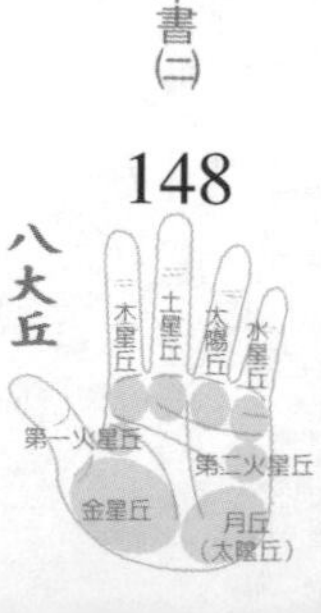

貳拾參、參看雜紋、判斷無誤的手相

一、事業線島紋出現、川字紋顯露玄機

事業線島紋出現，就是事業線出現了島紋，代表事業一定不理想，不過必須要參看事業線整體形狀以及走勢會比較準確，不然恐怕會有失誤出現，在此事業線雖然有島紋，不過由於事業線還算清秀，所以島紋象徵一時的阻礙，只要度過那個時期以後，就不會有很大的影響，反倒是掌中其他紋路，才是決定事業線的好壞關鍵，譬如說，此掌中主紋為川字紋，表示個性頑固，獨來獨往，好勝心特別強，做事情欠缺考慮，容易衝動行事，又感情線形狀破碎，婚姻線密集，表示感情交往複雜，男女關係有不正常的傾向，這些都會影響到事業的發展，又木星丘出現阻力線，職場上可能被奪權，有難以升遷的情況，是判斷時需要參照的。

案例一

杜先生、三十九歲男性，目前擔任貨車司機，他以前就喜歡玄學，跟過許多的師傅學習，拜師花費的數目不少，但自己卻不以為意，最後沉迷於水晶的收藏，欠下不少的債務，連女友都而棄他離去，最後冷靜的反省悔悟，行為舉止才稍微收斂，沒有以前那樣瘋狂了。

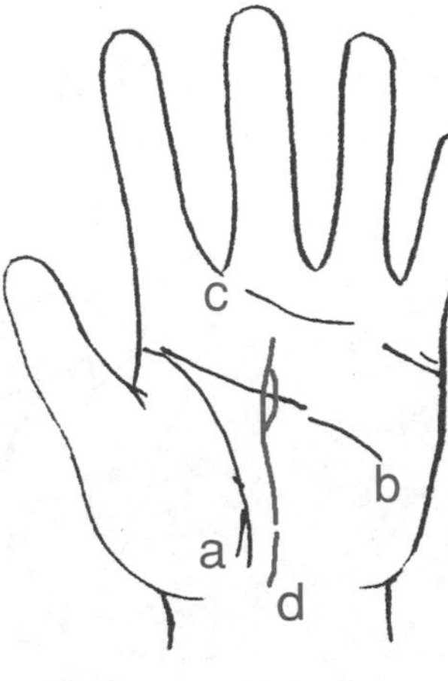

二、事業線島紋出現、島紋位置有影響

事業線島紋出現，代表事業發展過程不順遂，不過其中判斷關鍵還是必須仔細推敲，才能知道是哪方面的問題，像是這裡的話，島紋出現事業線上，不過位置卻是在金星丘內，跟環境與情愛有密切的關係，就是說有段時期，恐怕沉迷於物質享樂，或是燈紅酒綠的世界，甚至亂搞男女關係，導致桃色糾紛，而影響到事業的發展，再者，理智線同樣出現島紋，表示思想短淺、判斷偏激，行事缺乏中庸，經常出紕漏有背黑鍋的現象，

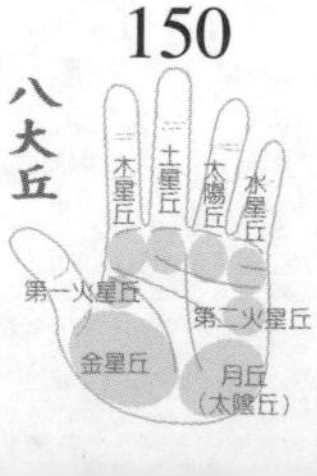

所以對於未來的事業規劃，無法掌握環境變遷，而恐有被淘汰的可能，又事業線位於感情線下方，未能突破感情線，表示不懂反省、後繼無力，中晚年以後，各方面運勢有逐漸衰退的走勢。

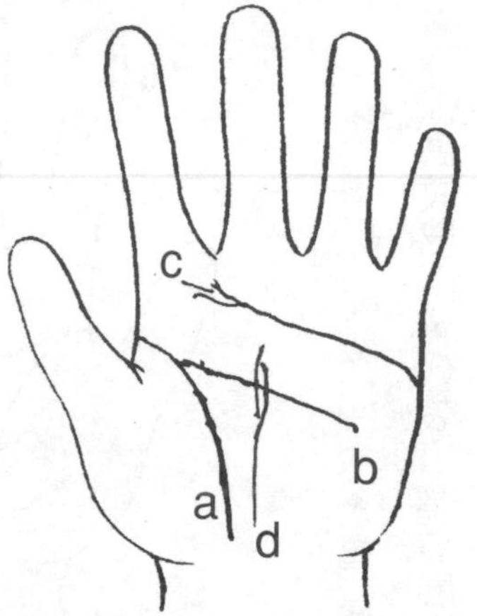

案例二

馬女士、四十四歲女性，經營拍賣業，早年環境困苦，窮酸的模樣，讓她奮發向上，立志要脫離窘境，可惜感情方面，欠缺良好的判斷，交到不好的男友，讓她飽受身心煎熬，戀情以分手收場，最後投入拍賣業，但由於講義氣的緣故，借了對方不少錢，但卻都沒有收回，只得自認倒楣。

貳拾肆、相同紋路、趨勢相同的手相

一、事業線呈叢毛狀、感情微弱傷心深

事業線呈叢毛狀，而且中間有島紋出現，表示容易遭遇到阻礙，而且情緒容易起伏不定，經常會衝動行事，而不顧慮後果為何，所以事業上的決策判斷，往往是錯誤不正確的，替自己帶來嚴重的麻煩，卻無法獨自收拾爛攤子，又感情線的形狀微弱，表示感情方面不順遂，雖然有緣分但不深厚，常會跟對方起爭執，最後落得以分手收場，在心中留下不可抹滅的陰影。

案例一

魏小姐，三十一歲女性，童年生活不如意，有許多負面的記憶，造成她部分的思想有偏激的傾向，認為凡事只要有錢就好，物質享受才是人生的目標，因此出社會以後，不久就奉子成婚，其實對婚姻根本就不了解，被現實生活壓得喘不過氣來，最後只好選擇離婚，讓出孩子的監護權。

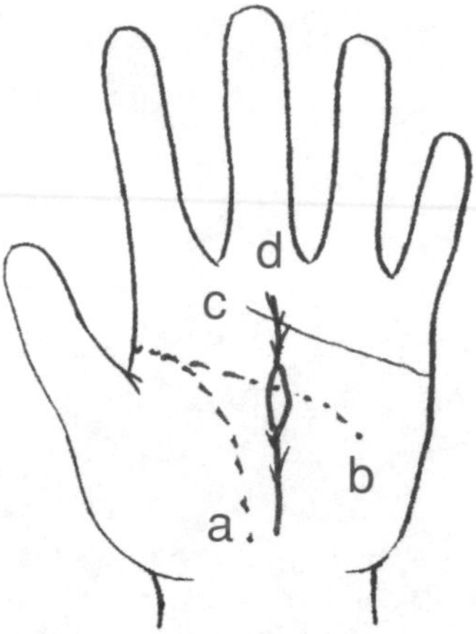

二、事業線呈叢毛狀、紋路分岔責任重

事業線呈叢毛狀，表示心思繁亂，事業無法專心一致，經常想要做不同的目標，卻無法同時兼顧，甚至遭受拖累，全部以失敗收場，以致於一事無成，又事業線開端分岔，表示為人交友廣闊，人際關係熱絡，但卻因為事業線形狀不佳，表示無法得到幫助，自己還會因為講義氣，而替別人扛起責任，因此錢財的損失不計其數，借貸往來容易被欺騙倒債。

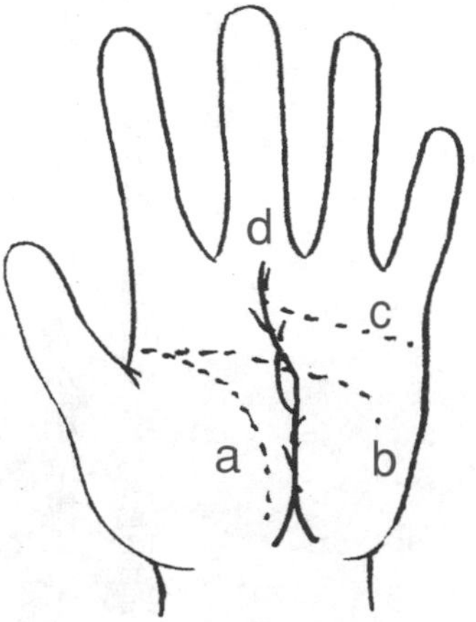

案例二

尤先生，四十二歲男性，從事建築的工作，平常就有酗酒的習慣，動不動就有暴力的傾向，而且還有非禮性侵的前科，幸好都私下和解，用錢來當作遮羞費，但是仍改不了好色的習慣，對於妙齡女子的誘惑，總是無法自我節制，最後終於犯下強姦罪，被法官判決入獄服刑。

貳拾伍、無事業線、運勢極端的手相

一、掌中全無事業線、主線清秀貴人格

掌中全無事業線，就是看不見事業線的紋路，但並不可以因此說，這個人沒有事業可言，或是說事業的發展不好，因為事業線也只是掌紋之一，並非決定一個人運勢的全部好壞，所以還是必須要按部就班，參照其他紋路來判斷，才能有客觀的評判，一般來說，還是先由掌中主線分析，在此理智線清秀無雜紋，長度也達到標準，又尾端走向水星丘，表示腦筋靈巧，而且有做生意的天賦，想法、觀念吸收快，創新也比別人快，而感情線也是如此，表示用情專一，感情交往甜蜜，跟另一半如膠似漆，但感情線出現裂縫，恐有生離死別的現象，這是美中不足的地方，但整體來看，事業的發展順遂，未來前途無量。

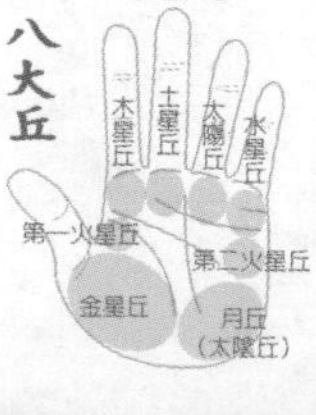

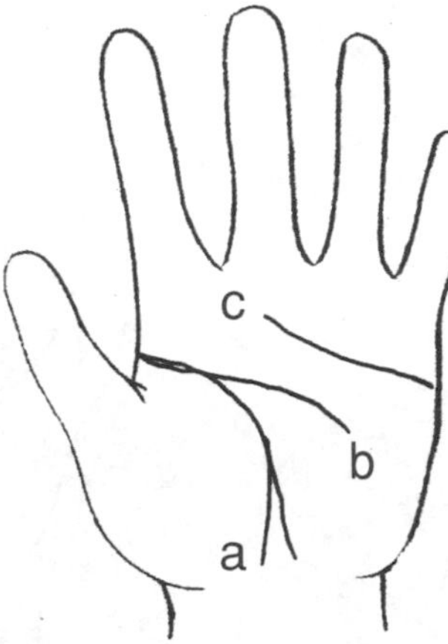

案例一

曹先生，五十八歲男性，由於腦筋慎密、眼光深遠，在商場上往往能看出生存的空間，加上適時的出手搶得先機，所以在事業經營上，都是最後的贏家，只是過度的工作，犧牲了家庭和健康，直到老年的時候，心裡浮現些許的懊悔，想說人生如果能重來的話，也許就不會如此拚命工作。

二、掌中缺乏事業線、主線粗短礙前程

掌中缺乏事業線，跟上述同樣的案例，不過情況卻是天壤之別，因為掌中主線不同所導致，在此，掌中的紋路不多，也屬於清秀的手掌，但是埋智線的部分粗闊，表示個性急躁、缺乏耐性，跟人相處不好溝通，所以關係十分緊張，身旁難以結交朋友，又感情線的部分，長度不足，停留在中指下，表示為人自私自利，重色輕友，較無節制自己的情慾，行為舉止有輕浮的傾向，再者，掌中沒有婚姻線，表示愛好自由、不願成家，有

留連放蕩煙花地的可能。因此，對事業的發展都是負面的影響，無法帶來加分的效果，所以無事業線的影響來說，其實是相當不利的。

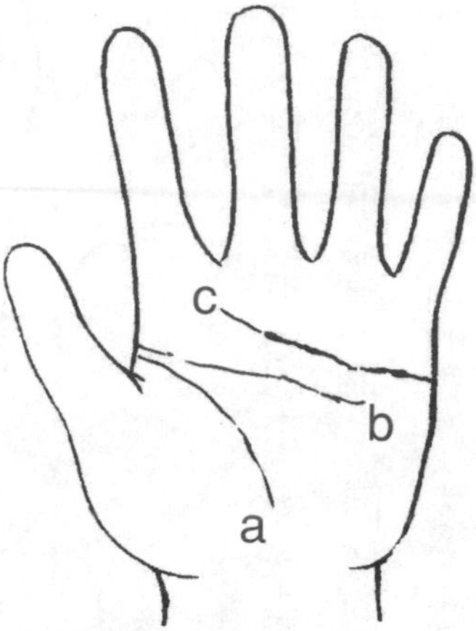

案例二

劉先生，五十六歲男性，是上市公司的老闆，為人樂善好施，不貪圖非分的利益，平常還捐錢給慈善機構，把錢拿去做愛心公益，事業方面雖然得意，但感情就不是如此，妻子去世許多年了，至今仍未考慮續絃，所幸孩子也都已經獨立成人，他可以放下家庭重擔，安心過自己想過的生活。

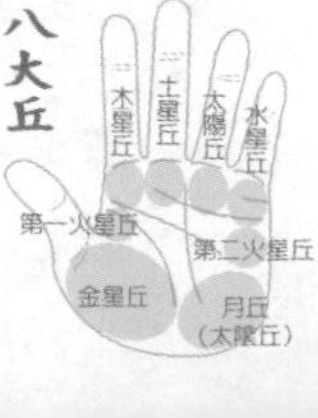

貳拾陸、眞假斷掌、命運有別的手相

掌中紋路若有通貫手的話，也就是俗稱的斷掌，傳統的論斷來說，斷掌對男人比較有利，對女人則是比較不利，這是因為男主外、女主內的關係，不過現今的社會已經慢慢改變，職業婦女比比皆是，甚至有超越男性的可能，若還保持著這種論調，恐怕不符合時代潮流，換句話說，斷掌象徵個人的意志堅定，充滿奮鬥的精神，不怕任何的險阻，有異於常人的執著，所以終究會達成目的，獲得最後的成功。但是斷掌不一定都是好的，也不一定都不好，還是需要配合其他掌紋，才能夠判斷無誤，而且還需要注意是真斷掌，還是假斷掌，才能夠掌握推敲，以下舉兩組實例來對照。

一、假斷掌無事業線、固執己見難翻身

假斷掌無事業線，表示掌中的理智線與感情線交接，但是並沒有呈現一條線的形狀，而是兩條線的尾端相交，看起來像一條線一樣，其實仔細的觀察，發現是感情線壓制著理智線，彼此紋路交錯而已，代表為人個性固執，不喜歡他人說教，欠缺彈性的手

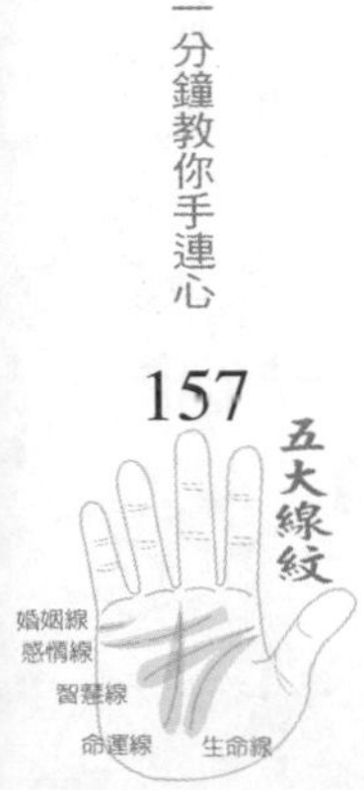

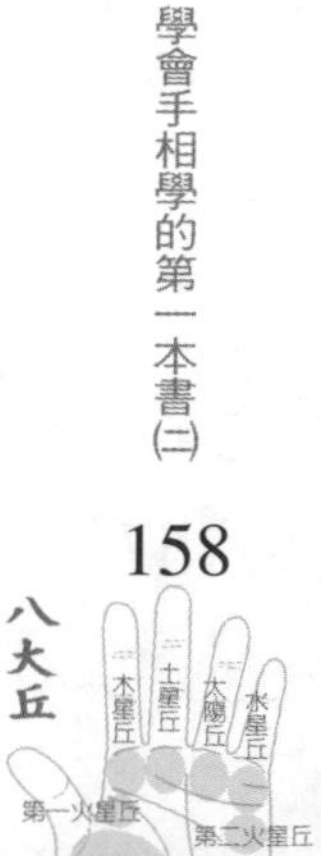

腕，很容易衝動行事，特別是感情方面的問題，常常影響到事業的發展，所以如此的情況來看，假斷掌並不能象徵事業亨通，或者是功成名就，最多只能說是決策果斷，較具有企圖心而已，但卻不能細膩規劃，就算發達的話，也無法維持長久。

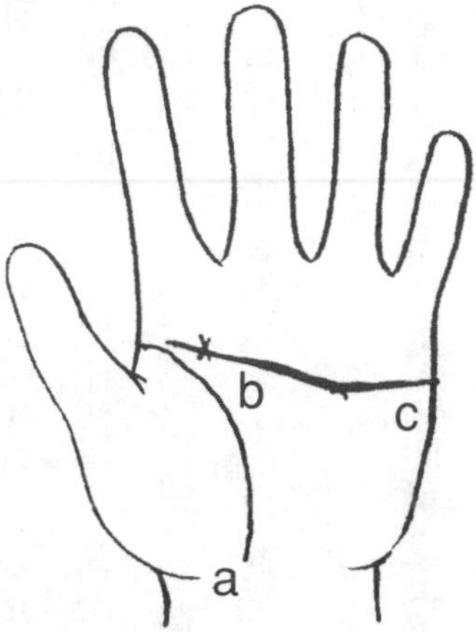

案例一

趙先生、三十四歲男性，個性優柔寡斷，因此找工作的時候，不知道該選擇什麼，只要能混口飯吃就好了，因此日子過得渾渾噩噩，但是後來認識了現任配偶，開始有點反省覺悟，想要積極的尋找工作，雖然過程不是很順利，但由於配偶的支持，終於順利當上貨車司機，開始經營自己的人生。

二、真斷掌無事業線、實事求是開創天

真斷掌無事業線，就是理智線與感情線合而為一，並沒有尾端交錯的跡象，這就是標準的斷掌紋路，表示為人個性堅毅，行事果斷但細心，雖然局勢呈現不利，但也不曾輕言放棄，會想辦法去克服難關，終究獲得轉機，而有成功的一天，又掌中紋路清秀，沒有多餘的雜紋出現，所以阻礙就顯得少，因此想法、觀念會比較開放，懂得吸收外在新知識，配合時代潮流改變，所以榮華富貴是可以預期的，但由於感情線與理智線不分，有時候若被逼急了，恐怕會極端行事，這是需要注意的。

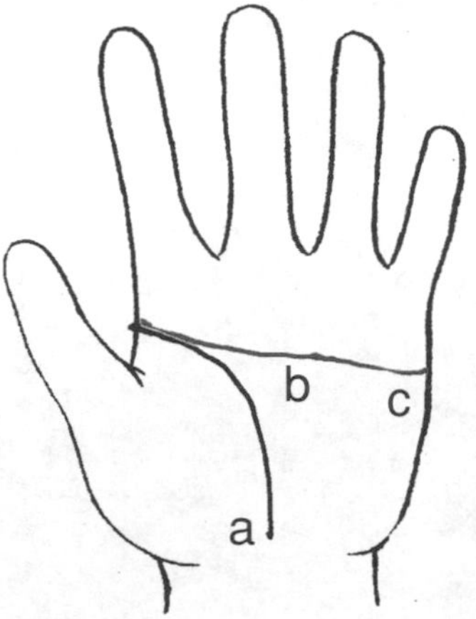

案例二

辜先生、六十三歲男性，家庭環境優渥，受到良好的教育，腦筋十分的靈活，學識也相當豐富，早年就往海外發展，做起跨國性的貿易，累積了不少的財富，對於事業的經營頗有一套，從來不用相同角度來思考，盡量保持開放的心胸，因此投資理財上，總是無往不利，目前已經退休。

（手掌心中覓愛情）

掌心三線，露玄機
兩手一攤，現禍福

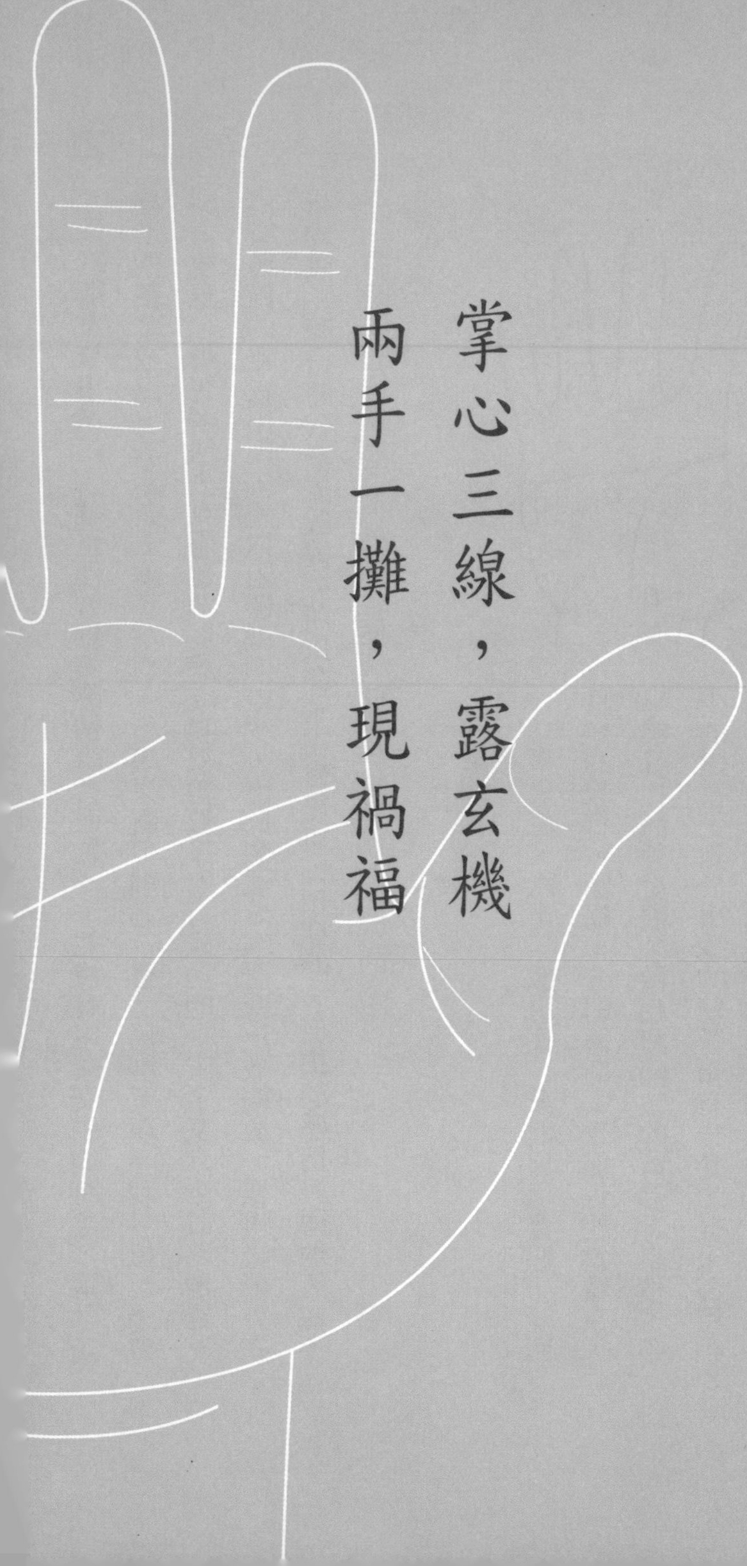

一、感情冷熱、弧度便知的手相

要判斷感情的冷熱與否，其實觀看弧度就知道，在這裡的話，以感情線的長度來看，超過了中指而到達無名指，感情線紋路也滿深明的，因此感情運勢多半不錯，但很可惜的是，感情線的弧度卻有問題，起點位置也特別的低，也就是在尾端的部分並沒有往上彎曲達到指縫當中，而是在中指後就停止，這表示感情剛開始不錯，進行得滿順利的，但結局卻不太理想，留不住對方的心，有草率結束的可能，感情顯得頭熱尾冷，為什麼會如此呢？簡單來說，就是忽略對方的感受，有自私自利的傾向，讓對方感覺不受尊重，久而久之，關係轉變便自行疏遠，造成無言的結局。

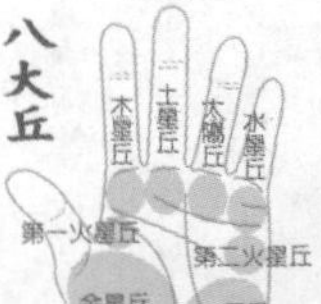

案例

陳先生，經常會出賣和利用朋友，把朋友當作滿足慾望的手段，感情顯得相當冷淡，眼裡只看重金錢物質，其他都不理睬，因此只要達成目的，就有過河拆橋的可能，連交女朋友的條件也是如此，當對方看穿自己的時候，就紛紛選擇離開，不願意再繼續交往，感情對象不停更換。

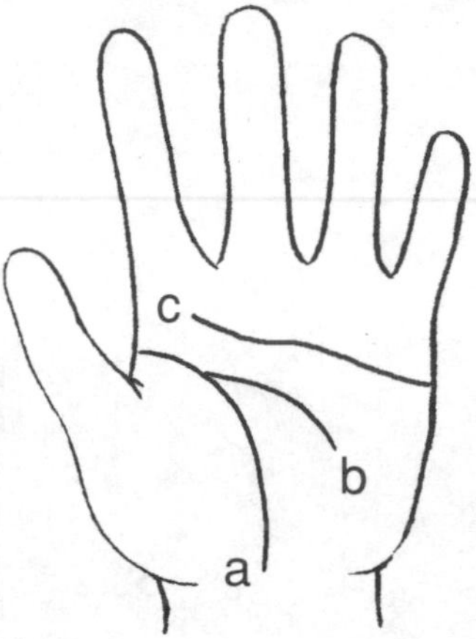

二、紋路短淺、無情無義的手相

若感情線紋路短淺，表示為人不重視感情，比較重視現實利益，讓人不太能苟同，特別是人際關係的對待上，總是遭受朋友的排擠，而沒有長久的交往，以致於發生問題的時候，身旁卻沒有人願意幫忙，在這裡的話，感情線只到中指下方，而沒有超過中指部分，就是沒有達到標準，所以待人處事會袖手旁觀，給人冷漠無情的感覺，但若事關個人的權益，便會極力爭取，不惜頂撞、得罪他人，行事顯得相當極端，不容易溝通、協調，若有感情交往的話，多半跟物質金錢沾上邊，很容易有桃色糾紛的產生，而有破財消災的現象，必須要小心提防才好。

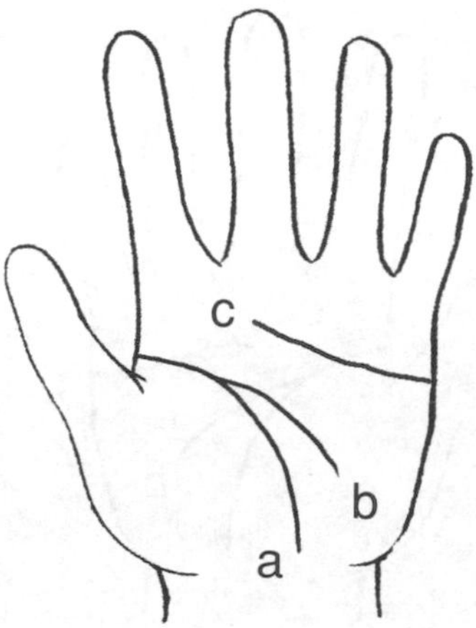

案例

李先生，感情思想很早熟，交過許多的女朋友，但僅是萍水相逢，過程都不是很長久，畢業後到工廠當學徒，然後沒多久就結婚，太太懷孕的時候，因為性慾無處發洩，所以利用出差的機會，到外面去召妓解悶，但卻被對方給仙人跳，自己惹上桃花劫，最後只好花錢消災。

三、十字紋路、桃花滿天的手相

感情線出現十字紋路，表示心態上比較風流，有向外獵艷的傾向，因此感情方面不穩定，很容易更換伴侶，不太能安定下來，就算有婚姻的話，最後恐怕也是以離異收場，

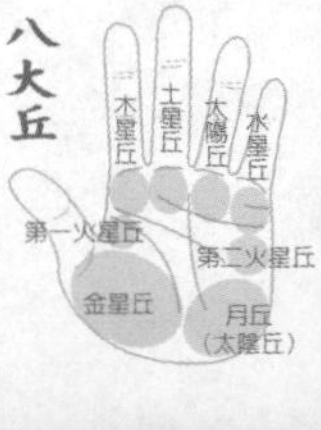

必須要特別謹慎。在這裡的話，就感情線來看，長度稍嫌不足，所以感情比較實際，偏向肉慾方面的，而不是精神方面的，再者，感情線薄弱，表示意志不堅定，容易受到外力影響，在感情路上，比較經不起誘惑，而經常有出軌的舉動，或是與對方交往時，有過不愉快的經驗，以致於遭受挫折失敗，而感情有陰影的存在。

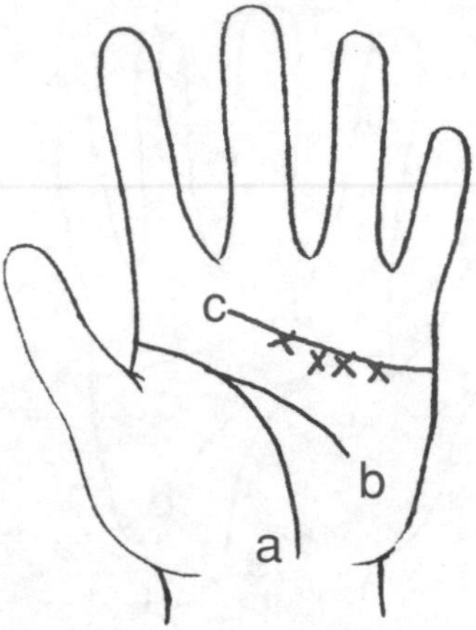

案例

簡先生，平常不太愛說話，但是卻是感情豐富的人，學生時代很早就談戀愛，但是對方卻是個貪圖享受、崇尚物質的人，讓他相當的失望、難過，因此感情大受打擊，出社會之後，主動嘗試追求異性，進而演變成獵豔，表面上是談情說愛，私下其實是以報復心態來彌補自己的創傷。

四、尾端下垂、判斷失靈的手相

感情線尾端若呈現下垂，表示感情運勢不理想，經常會朝負面的結果發展，而留下不好的回憶與經歷，是標準多情反被多情傷的類型，在這裡的話，感情線尾端不僅往下垂，且跟理智線有交錯的情況，也就是為人容易情緒化，缺乏冷靜的判斷分析，遇到困難問題的時候，總是匆忙的反應行事，不會先尋求管道協助，就全部一肩承擔起來，情況往往是越弄越糟，還可能無法收拾善後，也比較容易吃虧上當，所以感情交往十之八九都沒有良好的結局，最好是經由他人介紹或是透過相親結婚，會比較理想一點。

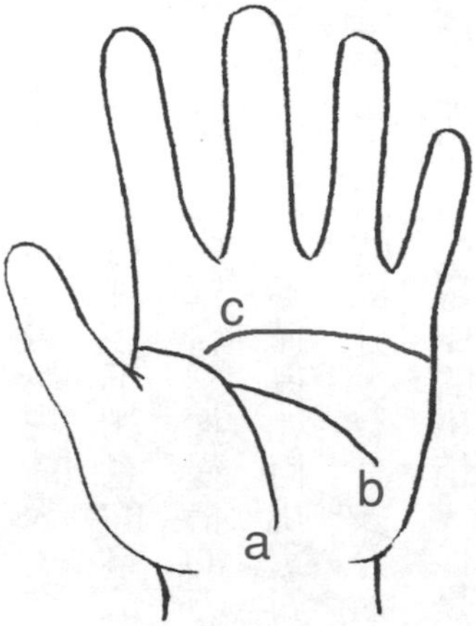

案例

葉先生，結婚的中年男性，從事店面經營，工作滿勤奮努力的，平常生意還算不錯，有一天女客戶來修理汽車，被對方美麗的容貌迷惑，從此就跟對方勾搭上，不過對方卻是因為欠債，準備要設計葉先生，來個請君入甕之計，最後葉先生遭人威脅，白白送上經營多年的店面。

八大丘

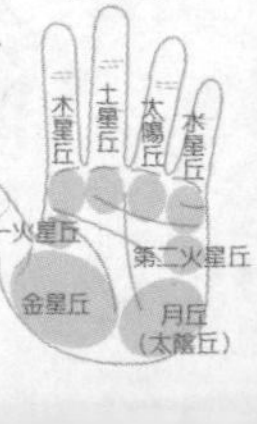

五、紋路斷裂、愛情破碎的手相

感情線的紋路如果出現斷裂，而且是斷斷續續的形狀，那麼在感情路上，一定相當的坎坷波折，會有許多不如意的事情發生，通常不會有什麼好結局，除非是經歷過痛苦的教訓，才能從中學習掌握愛情的方式，在這裡的話，感情線呈現斷裂缺口，表示對於感情的態度隨便，不懂得如何挑選對象，會因為感情而受傷害，思想有早熟的傾向，而理智線跟生命線的部分，有許多分岔與缺口，表示週遭環境的變動很大，自己不太能變通適應，如果發生嚴重的事情，像是情侶吵架、夫妻失和等等，其結果一定會越演越烈，所以這種類型的人，最好不要早婚，以免家庭不幸福，甚至連累無辜的小孩。

游小姐，從小缺乏父母照顧，個性顯得叛逆難管，求學時作風就十分大膽，跟人家假戲真做玩感情，最後不小心就發生性關係，從此之後，對男女感情就有偏差，把感情跟性愛當作遊戲，只要高興就可以，不在乎對方是什麼人，結婚後，因為另一半偷情出軌，憤而跟對方離婚收場。

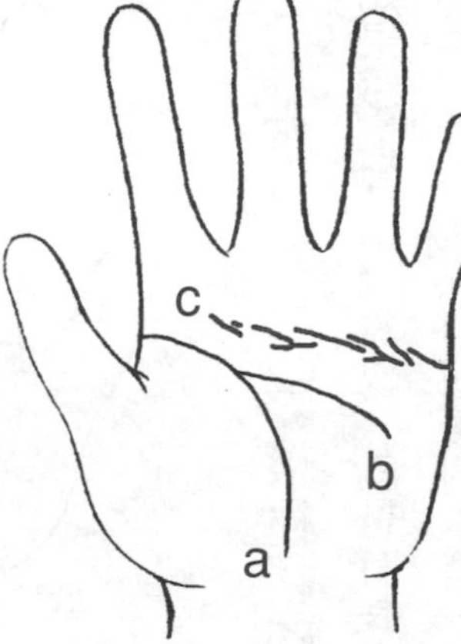

六、短直破碎、感情現實的手相

感情線如果破碎的話，那麼感情的進展一定不順利，會有許多的阻礙出現，不過並非都是外來的因素，有時候必須要仔細觀察，紋路的長度與弧度將更能發現問題的癥結所在，在論斷上會比較客觀，在這裡的話，感情線雖然破碎，但是相對的長度過短，沒超過中指部分，又沒有彎曲弧度，形成一直線的狀態，表示重視私人利益，顯得冷漠無情，感情上以物質為標準，所以容易受到其他誘惑，感情無法忠貞專一，常因此惹出許

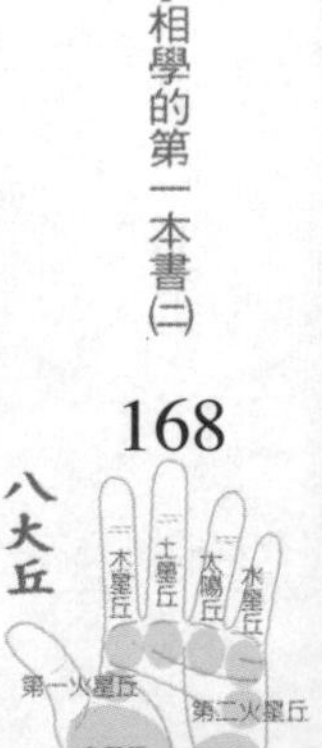

多麻煩糾紛，特別是三角戀情或是婚外情等等，這就不是外來因素造成，而是性格上的缺失所導致。

案例

杜女士，從小異性緣好，有許多人追求，經常有三角戀情的情況，但自己卻不以為意，十九歲剛畢業就衝動結婚，也不考慮家人的反對，因為彼此個性不合，最後的結果還是離婚了，但是身邊的桃花依舊不少，開始跟從前一樣，大玩腳踏多條船的遊戲，很快的再婚了，不過下場仍然是再度離婚。

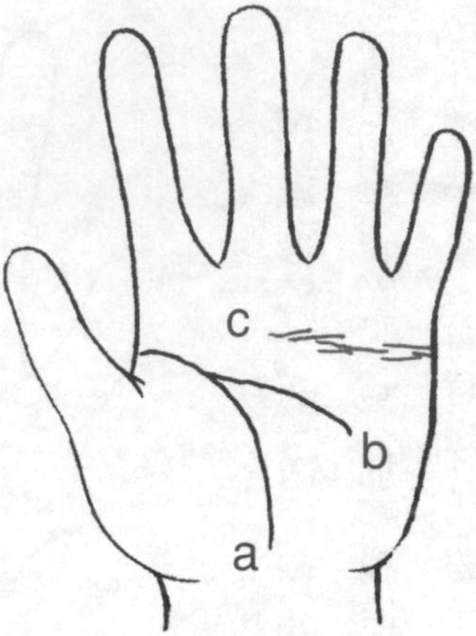

七、雜紋叢生、愛恨極端的手相

如果感情線出現雜紋，就是有許多細紋出現，像是雜草叢生一般，那麼表示感情的牽絆很多，有許多麻煩困擾的事情，感情交往時不是很順利，常常會橫生枝節，但還是要參照其他主線，會比較看出端倪，在這裡的話，感情線的長度不佳，而弧度彎曲的地方也是在中指下方，這表示為人特別重視物質享受，處理事情的態度會顯得特別現實，不太會在乎人情，又感情線雜紋叢生，表示為人容易神經質，會疑神疑鬼的，對於另一半的行為舉止，心裡會相當在意，一旦有任何風吹草動，就會起嫉妒心，跟對方興師問罪、大吵大鬧，所以感情往往維持不久就面臨破裂分手的局面。

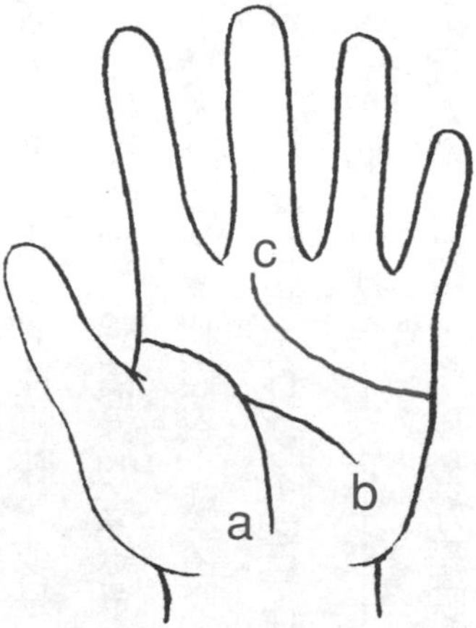

案例

許小姐，貪圖物質享受，不喜歡勞力辛苦的工作，因此出社會就流落風塵，在色情業裡面打滾，在酒店上班時認識了不少恩客，也都有意思將她給贖身，跟許多人同居過一段時間，但由於個性多疑、嫉妒心強，不喜歡被對方約束，結果往往是大吵大鬧，雙方不愉快的以分手告終。

八、支線眾多、桃花朵朵的手相

感情線如果支線眾多，幾乎分不清楚哪條是主線時，那麼表示感情複雜，身邊的桃花不斷，能吸引眾多異性青睞，或是主動對異性追求，但都不是很安定，有反反覆覆的可能，在這裡的話，感情線的支線眾多，不過長度卻只到中指部分，若單純的直觀判斷，表示為人冷漠、重利輕義，感情交往會顯得現實，但是感情線延伸出許多支線，表示心猿意馬，愛好享樂，身邊不乏異性追求，桃花非常的旺盛，但是由於心思不定，見一個、愛一個，無法馬上安定下來，總是希望有更好的伴侶，所以會不停的更換，影響到事業及人際的發展，所以最好是晚婚，等到事業穩固後，才談及感情婚姻，會比較理想一點。

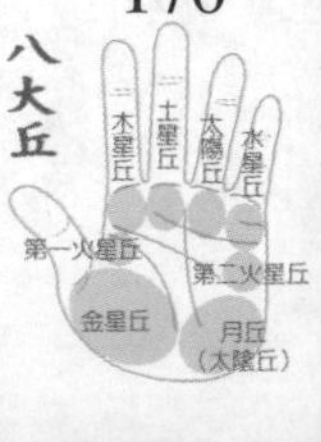

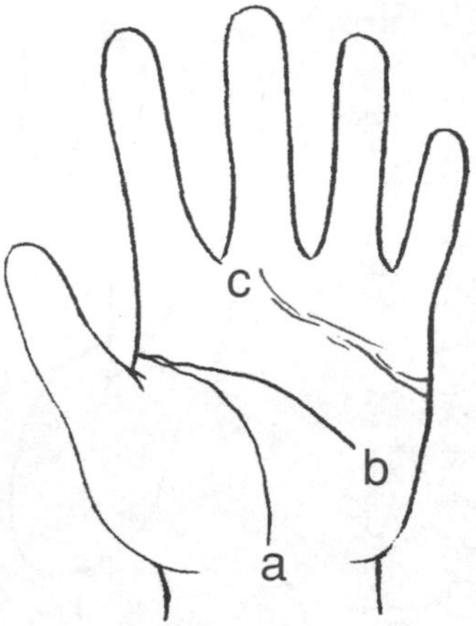

案例

張小姐，在求學的過程中，感情的經驗豐富，認識不少的男孩子，有過三角戀情的紀錄，但當時卻很難取捨，只好都發生性關係，但自己卻不滿足現況，畢業後又跟有婦之夫結識，做人家婚姻的第三者，介入人家幸福的家庭，但由於道德觀薄弱，竟然不以為意，彼此同居一段時間後，就沒有繼續來往了。

九、紋路淺薄、情色氾濫的手相

感情線的紋路如果淺薄的話，一般來說，表示感情運勢不穩固，很容易受到外在影響，但若就個性而言，則表示情慾方面不太正常，有放縱無節制的現象，這需要參照其他紋路，會顯得更加的明確，在這裡的話，感情線短且直，而理智線清秀，表示為人重視理性，可朝專業發展將會有成就，但感情線薄弱短淺，表示心思浮動不安、對異性有

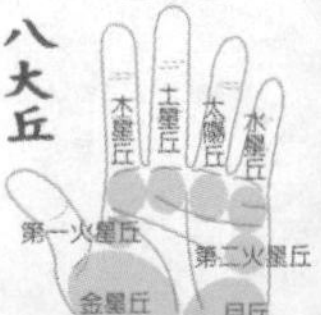

癖好，會耍心機手段來滿足個人的私慾，而且有過河拆橋的現象，人際關係顯的惡劣。但不是有此紋路，就是色情狂或是狡詐犯，只是需要提防注意而已，大家千萬不要有先入為主的觀念才好。

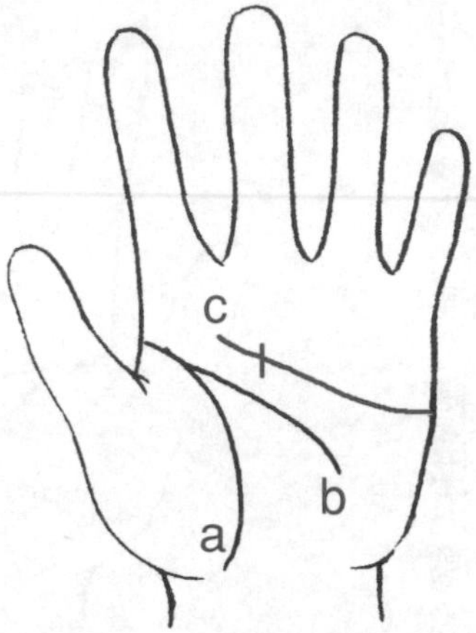

案例

錢先生，看起來老實忠厚，其實包藏禍心，骨子裡非常好色，經常有偷窺的習慣，也常在外面交友獵豔，由於善於表達、文情並茂，很多女孩子都被他欺騙，因為感動而失去了警戒心，自己再順勢半推半就，跟對方脫衣上床，到手之後，用各種理由把對方甩掉，重新尋找下一個目標。

十、吝嗇小氣、愛好幻想的手相

感情線是不是只能推敲感情而已，那當然不是只有這樣而已，只是說感情方面會比較明顯看出，而最重要的是個性的展現，這才是觀察手相的用處，由個性來推理其他的為人處事，得出較為客觀的評判，在這裡的話，感情線雖然夠長，也顯得深明，但是卻缺乏弧度，表示不懂風情、直來直往，沒辦法替感情加溫，所以過程會慢慢冷淡，最後不了了之，但是不是這樣，還必須參照理智線，才能有更深入的探討，在理智線的部分，尾端下垂趨勢十分明顯，直接朝太陰丘去，表示為人喜歡幻想、行事不切實際，總是嘴巴上說說，卻不會認真去做，因此感情上表現，顯得稍微吝嗇小氣，不會付諸實際行動，因此感情會遭受阻礙。

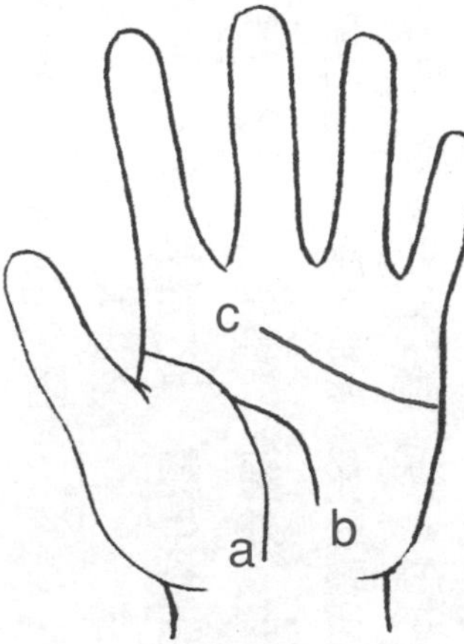

案例

梁先生，感情世界比較封閉，不太敢跟異性搭訕，通常私下幻想居多，希望對方能夠百依百順，但因為個性膽小害怕，就算有機會表白成功，也都會臨陣退縮，讓對方感到莫名其妙，因此對性慾方面，始終沒有發洩的管道，也不太願意跟異性示

八大丘

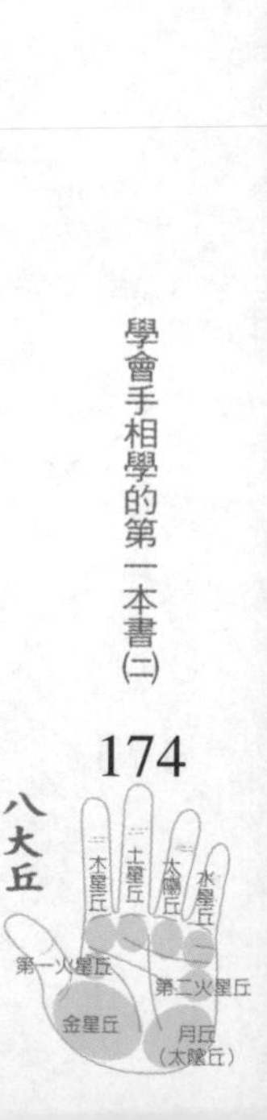

好，人際關係顯得狹隘。

十一、鬱卒難解、輕生念頭的手相

感情線除了表現感情運勢外，最主要是以內在個性的觀察，來推測遭遇困難時會有什麼樣的舉止反應，有些會比較輕微看不出，有些則是非常的明顯得知，特別是男女間複雜感情，總是叫人特別難解，在這裡的話，感情線雖然夠長，但是卻有許多缺口，在尾端又向下彎曲，跟理智線形成交錯，表示為人特別重視感情，會很認真的看待，不容絲毫的苟且，但平常個性內向，不太會表達心聲，以致於心靈封閉，缺少溝通的管道，如果另一半變心或出軌，情緒反應會很激烈，很容易想不開，而產生輕生的念頭，讓人往往措手不及，最好的預防辦法是多交朋友參加社團活動，不會終日苦悶鬱卒，心情會比較開朗點。

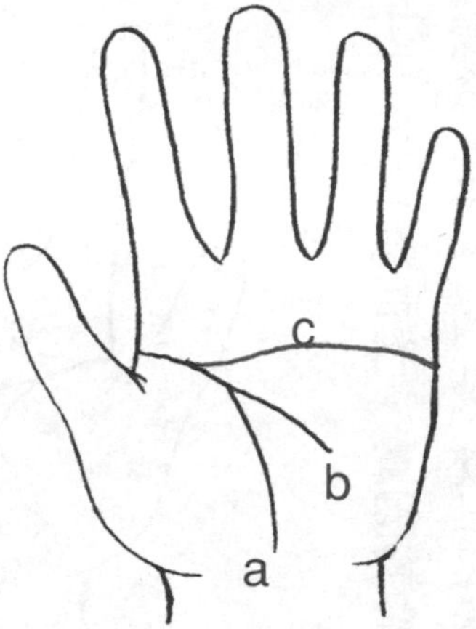

案例

吳小姐，結婚後生下女兒，但不久先生就外遇，經常不回家過夜，在多次溝通談判無效後，情緒變得十分低落，也沒有精神專注工作，直到有一天晚上大吵大鬧後，用電話向朋友哭訴，朋友覺得不對勁，趕緊跑到她的住所，發現她服安眠藥自殺，即時送醫院急救，把她從鬼門關前救了回來。

十二、支線交錯、潛藏放縱的手相

感情線如果有支線的話，而且非常多的時候，表示感情容易分心，感情交往時三心二意，容易有腳踏多條船的傾向，身邊眾多的異性桃花就會成為麻煩的來源，反倒有糾纏不清的可能，在這裡的話，感情線有支線，表示異性緣良好，但不容易把持自我，會遭到外界的誘惑，特別是感情支線向下，跟理智線有交錯的情況，表示理智受到壓抑，有

為了感情衝動行事，而不顧後果的想法，也潛藏感情不受約束，有放蕩無節制的現象，表現在感情婚姻上的話，常常會介入他人婚姻作第三者，破壞原本幸福和樂的家庭，這是需要特別注意的。

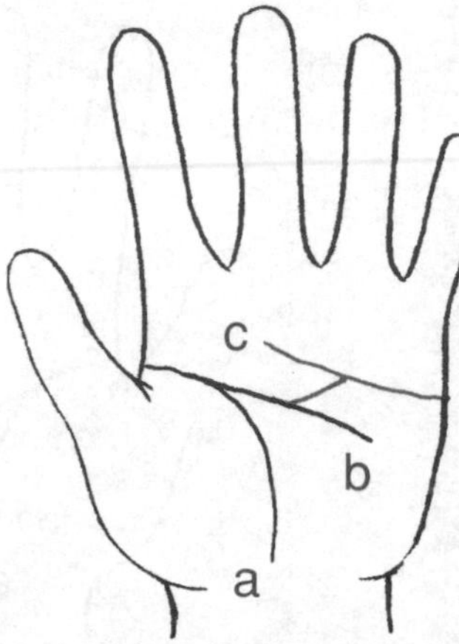

案例

王小姐，是產品的設計師，本身條件相當不錯，也有許多異性追求，工作當中認識了已婚的劉先生，漸漸日久生情，雖然王小姐極力克制，但終究抵擋不住情慾，兩人爆發了婚外情，但是王小姐事後覺得後悔懊惱，想要結束這段地下感情，但心裡卻仍有好感，以致於無法下定決心。

十三、自私自利、貪圖慾望的手相

感情線如果太短的話，就是說感情比較重視現實考量，會以物質作為標準，男女交往重視利益關係，一旦發生變化的話，就會毫不猶豫的拋棄，不會顧及彼此的情分，是屬於較為自私的人，在這裡的話，感情線除了短之外，紋路也顯得淺薄，對男女關係不懂節制，會比較希望進展迅速，但通常關係維持不久，很快就由熱情而冷卻下來，所以最好要跟另一半溝通、協調，多講些甜言蜜語，培養浪漫的氣氛情調，彼此才會越來越親密，否則一味的自以為是，不顧對方的內心感受，輕微的話每天冷戰相對，嚴重的話，很可能就走上離異一途了。

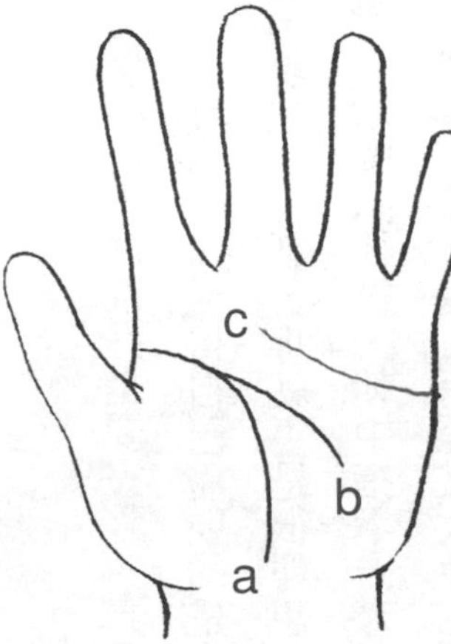

案例

徐先生，是裝潢工人，對工作十分的負責，有一定的表現水準，常能讓客戶感到滿意，但是由於重視個人事業，而忽略家庭生活，跟配偶經常吵架，對方嫌棄他沒有情趣，把她當作傭人在使喚，徐先生雖然有反省檢討，但過不久就會通通忘記，結果導致婚姻離異，只好接受第二春。

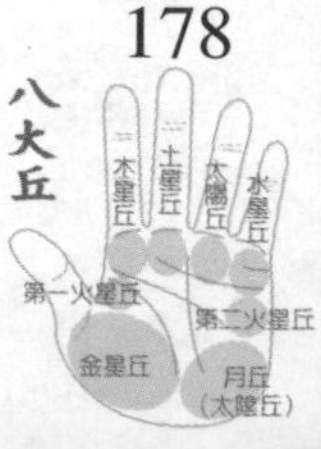

十四、尾端雲片、呼來喚去的手相

感情線的形狀最好是要完整，表示感情運勢順利進展，不會遭遇到外來阻礙，對感情也能認真看待，懂得自己需要的是什麼，算是相當成熟的觀念，但是如果形狀破裂，或是出現缺口的話，那就不是很理想了，在這裡的話，感情線的長度稍嫌不足，但是尾端有雲片狀的階梯紋，朝中指下方來延伸，表示感情不是很穩定，有忽冷忽熱的現象，讓追求者摸不著頭緒，而經常大嘆吃不消，在心態方面，也比較缺乏安全感，喜歡表現高傲的樣子，將異性呼喚來呼喚去，滿足心裡的空虛感，不免讓人認為自私，而有高不可攀的感覺。

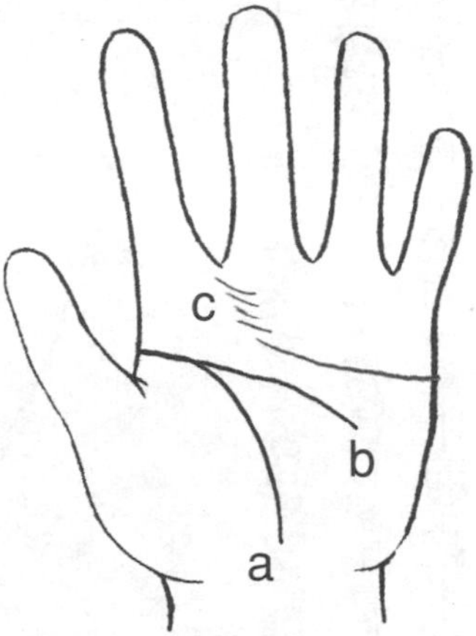

案例

柳小姐，是某部門的主管，人長得還算標誌，只可惜脾氣太大，身邊的桃花眾多，但是自己卻不太動心，反而趁機從中獲利，要對方替自己服務，把許多男士要得團團轉，雖然有時會鬧出糾紛，但是卻樂此不疲，只要能滿足指揮的慾望就好，若對方不高興的話，彼此關係就一刀兩斷。

十五、爆裂紋路、物質擇偶的手相

感情線出現爆裂紋路，表示感情關係不穩定，有隨時變動的現象，交往時容易發生變故，導致感情沒有結果，多半是不太理想的手相，在這裡的話，感情線的紋路開端處有缺口斷裂產生，表示經歷過某件事情，屬於傷心難過的回憶，並不一定是感情方面，親情或是友情都有此可能，再者，感情線長度比較短，表示很重視物質的享受，花錢方面滿奢侈浪費，擇偶會用經濟來做衡量標準，但本身卻不太會理財，這點因素很可能成

八大丘

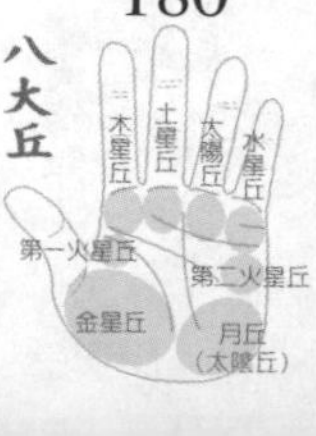

為感情或婚姻的導火線，雙方會因為這點而有溝通不良、吵鬧離異的可能。

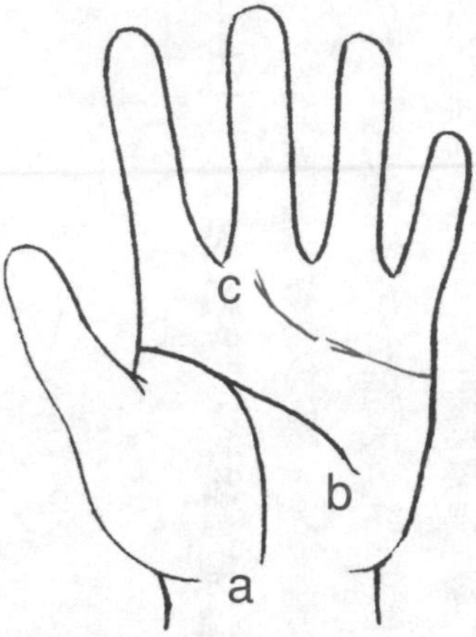

案例

花小姐，出身貧窮的環境，在家庭背景的影響下，使得她對物質有特別的感受，看法都比較極端，畢業出社會後，工作開始有收入，但是卻拚命的花用，滿足個人的慾望，讓父母親看不過去，被囉唆一陣子後，居然賭氣要嫁人，離開這個家庭，結婚以後，奢侈習慣依然不改變，沒多久先生受不了，雙方就協議離婚。

十六、多變迷樣、留戀風塵的手相

感情線一般來說，短淺似乎不是很理想，但是不是長就沒有問題呢？答案其實是否定的，因為相不獨論，掌中的紋路不是單一的表現，而是要互相配合觀察，才能有比較正確的論斷，在這裡的話，感情線非常的長，符合基本的標準，但是為人仍然迷戀酒色，留戀風塵的習慣，這是因為紋路粗細的關係，感情線紋路粗闊，表示非常執著感情，但是由於雜紋叢生，個性顯得喜怒無常，連帶著影響到感情的安定，加上經不起身旁誘惑，以致於經常出外風流，若已婚的話，恐怕因為桃色糾紛而破壞原有的家庭，這不僅是紋路長度的問題，大家可以仔細的推敲便明白。

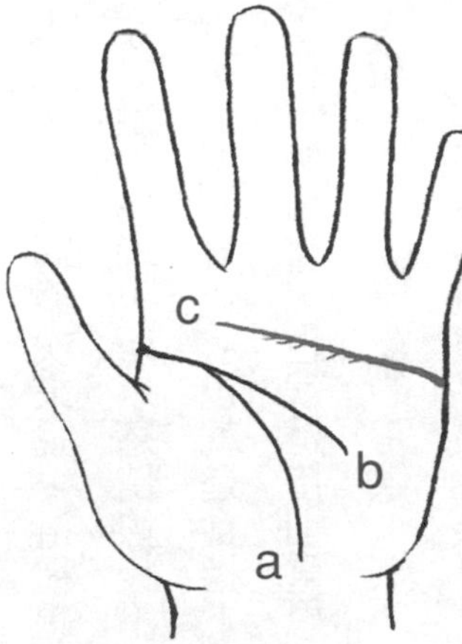

案例

倪先生，從事電子行業，目前尚未結婚，感情世界一片空白，由於環境因素的緣故，使得他一直沒機會跟異性接觸交往，出社會工作久了以後，心情非常的鬱卒，會想要找樂子解悶，從此下班後就上酒家或舞廳，沉迷於聲色犬馬當中，對感情雖然心生期待，但始終不敢去面對，而有孤獨的傾向。

八大丘

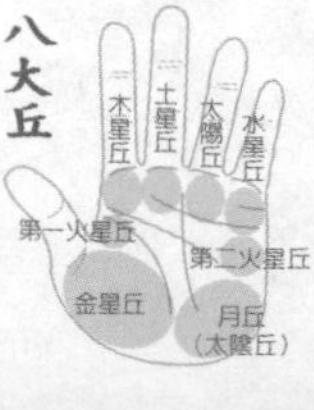

十七、紋路過長、醋勁橫生的手相

感情線過短是不好的，為人顯得薄情寡義，那麼感情線過長的話，是不是就為人情深義重呢?在某個層次來說，這種想法是正確的，但是過與不及的感情線，同樣都不符合中庸之道的原理，所以感情線長不見得都是好的，也是有缺失的地方，在這裡的話，感情線延伸至木星丘，也就是食指下方的部分，可以說超過基本標準，但如此的手相，反應了另一個事實，也就是特別重視感情，甚至於能影響到理智線，因為理智線比感情線來得短，因此談戀愛的時候，嫉妒心特別強，只要伴侶稍微接觸其他異性，馬上就醋勁橫生，會拚命的追問伴侶，非要對方給個交代不可，有時候顯得不可理喻，影響到感情的親密。

案例

張小姐，已經結婚，求學時就有戀愛經驗，可惜家裡管得很嚴，所以畢業後就沒有跟對方來往，直到出社會工作，認識了小林，小林對她非常照顧，有問題都會幫忙她，結果兩人就成為男女朋友，但小林的人緣不錯，經常跟異性有說有笑，張小姐就會非常吃醋，拚命的質問小林，使得兩人關係顯得緊張。

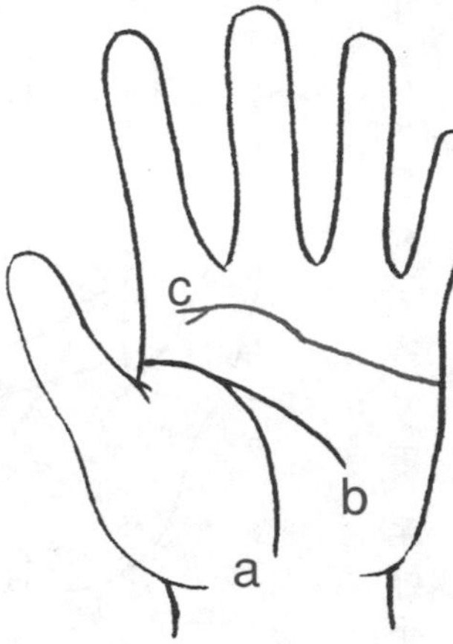

十八、隨興戀愛、喜新厭舊的手相

感情線如果顯得雜亂不堪，有非常多的支線橫生，而且長度也非常長的話，表示感情交往易走極端，會採取激烈報復的手段，特別是在感情線交叉嚴重的時期，在這裡的話，感情線長度過長，表示對感情執著，戀愛時表現得特別強烈，有情緒化的現象，但是由於交叉紋路眾多，身邊的異性與桃花眾多，很容易經不起誘惑，而有喜新厭舊的傾

向，甚至造成嚴重的麻煩糾紛，因為這種人對感情佔有慾強，不愛受別人的管教約束，總是擺出叛逆的模樣，外人也無從插手幫忙，如果不小心被人得罪的話，一定不會善罷甘休，會想辦法討回公道。

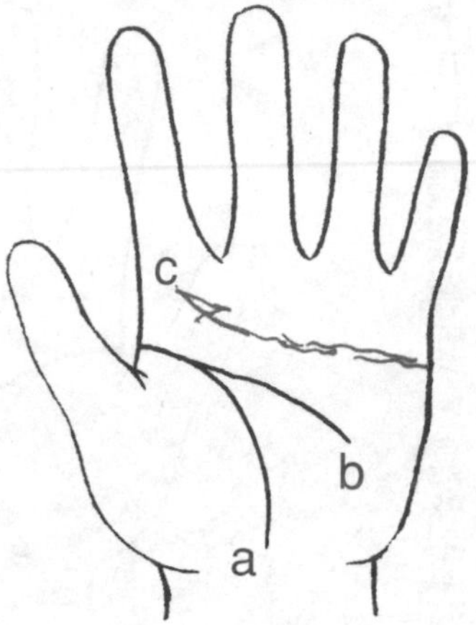

案例

蕭小姐，出身於貧苦家庭，父母很早就離婚，缺乏溫暖的照顧，求學時就交許多男友，彼此也都發生了關係，自己卻不當一回事，畢業後就出社會打滾，由於嫌工作辛苦，結果當了舞小姐，現實生活當中，也跟許多男性先後同居，但最後都沒有結果，還因為搶人家的男友，而發生了衝突口角。

十九、掌紋通貫、異常執著的手相

感情線的長度若過長，甚至是到達了掌邊，就是有所謂通貫斷掌的紋路，那麼表示對感情異常執著，甚至會因此飽受風波折磨，有時不惜自毀毀人，是必須要特別注意的，在這裡的話，感情線的長度過長，在感情交往上，反而顯得極端冷漠，並不是說不喜歡異性，或者排斥戀愛的發生，而是說為人有潔癖的傾向，是標準的完美主義者，所以在對象的挑選上，非常的重視外在形象以及內在談吐，雖然是比較謹慎小心，但也未免眼高手低，忽略現實環境的考量，因此最後反而不得不屈就，就算談戀愛、結了婚，總是會對另一半挑剔，造成彼此的誤會衝突，久而久之，只好走上離異分手的道路。

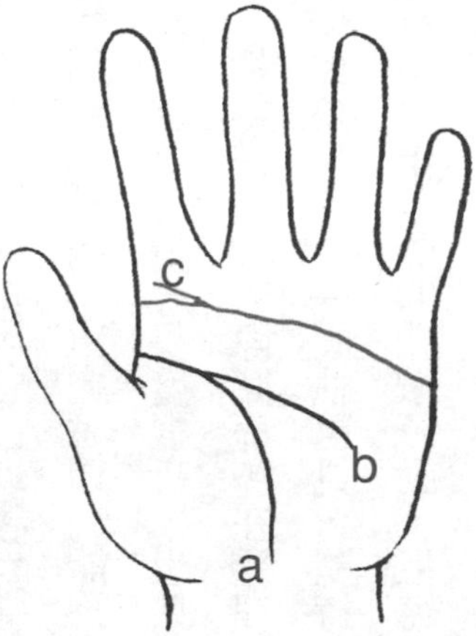

案例

翁先生，長得年輕英俊，求學時期就是萬人迷，出社會後，身邊就有許多異性投懷送抱，但是自己總是婉拒好意，別人都認為他裝清高，其實是因為執著理想的緣故，不希望隨便投入感情，但事實上，自己也不知道如何挑選，反而有極端偏激的想法，若一旦戀愛，恐怕愛之令其生，惡之令其死。

二十、夜郎自大、孤獨寂寞的手相

感情線深長表示重視感情，能夠專注鍾情，但是沒有弧度的感情線，表現上顯得太過冷淡，就算感情線長度很長，也只是愛在心裡口難開的類型，並沒有辦法獲得良好的溝通，換得熱絡的人際關係，在這裡的話，感情線雖然深長，但紋路過於筆直，表示處理事情欠缺彈性，會固執己見、堅持到底，讓旁人無法溝通理解，談感情沒有情趣可言，也許會付出實際的關懷行動，但總是冷漠的模樣，使得旁人無法接近，甚至於伴侶都是如此，如果有婚姻的話，跟家人的關係會逐漸轉變，兒女長大後，就比較少來往，剩下孤獨寂寞、孑然一身而已。

案例

甘先生，經營一家店面，生意非常的成功，但是人際關係卻很糟，特別是感情方面不善表達，平常跟妻子、兒女難得說上幾句，收工回家後就休息或看電視，也不管妻子或孩子的心情感受，日復一日、年復一年，到了退休的年紀，兒女都到海外去定居，妻子也決定過去陪孫子，留下孤孤單單的自己。

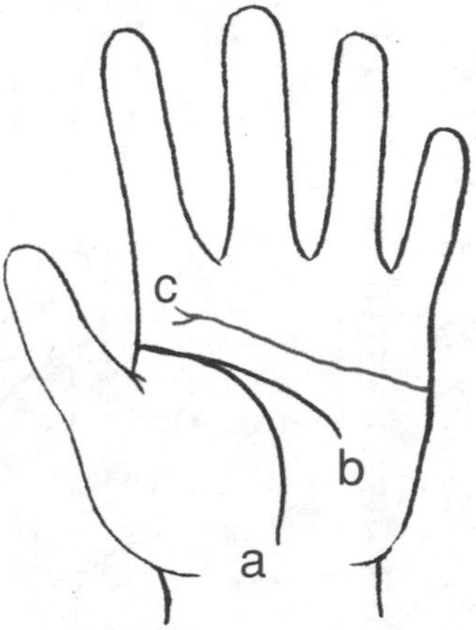

二十一、破裂歪斜、孽緣難斷的手相

感情線呈現破裂的形狀，表示愛情的運勢坎坷，經常有分分合合的現象，特別是時間都不長久，一下子就馬上告吹，甚至找不出任何的原因，只能說是彼此無緣，在這裡的話，感情線除了破裂之外，紋路的尾端都往下彎曲，表示無法控制的情慾，通常會陷入不正常的男女關係，但卻又無法自拔脫身，結局不是被騙財、騙色，就是鬧上法院訴訟，有桃色糾紛的情況，加上感情線長度又長，心裡面有念念不忘的執著，如果發生婚外情的話，那麼很難對另一半交代，會處於進退兩難的抉擇，並拖上很長一段時間，不但影響了家庭幸福，也敗壞自已的名聲，讓事業難以順利發展。

案例

黃先生，經營小本生意，為人喜好幻想，對感情不切實際，常在外拈花惹草，但佔有慾又特別強，會想要控制對方的行動，因此長期下來，感情總是剛開始不錯，但慢慢的就變糟糕，最後走上分手一途，因此已經有離婚兩次的紀錄，現在還跟情婦糾纏不清，無法從迷惘裡自拔。

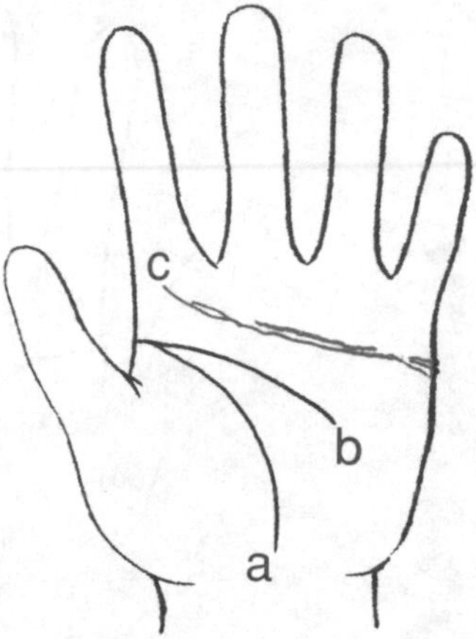

二十二、理想主義、過分節制的手相

感情線的紋路如果太過薄弱，而其他兩條主線特別深明的話，那麼感情方面就容易被

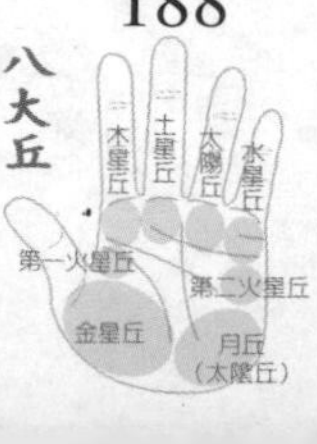

壓抑，形成節制禁慾的現象，不太喜歡談男女戀愛，反而有宗教的出世思想，顯得孤僻遠離人群，在這裡的話，感情線紋路薄弱不明顯，不過生命線卻很深刻，表示主觀意識強烈，加上跟理智線相連的情況，表示很重視理性分析，對感情世界缺乏興趣，喜歡專研自己的興趣，多半跟知識學問有關，就算遇到心動的異性，也不太敢主動追求，而是說服自己放棄，如此一來，恐怕會有孤家寡人或是投身宗教的可能，比較不傾向結婚生子。

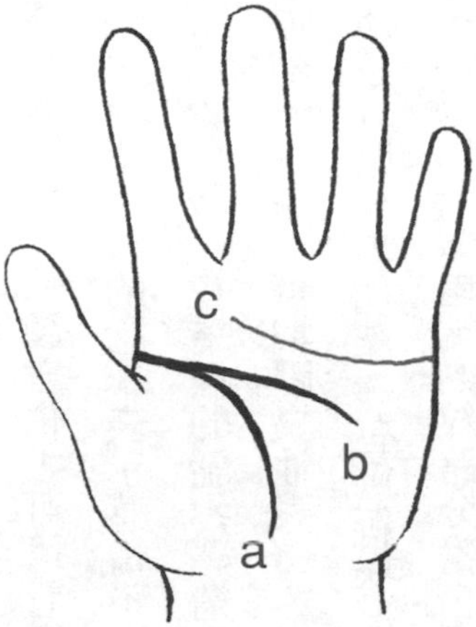

案例

周先生，有正當的職業，看起來非常斯文，應該是異性喜歡的類型，平常不隨便跟人來往，大家都不知道他心裡在想什麼，也從未見他交女朋友，不過若是有關宗教的演講，他都會前往聆聽，久而久之，還興起出家的念頭，幸好被家人阻止，所以才沒有成功，但卻漸漸顯得孤僻。

二十三、膽小怕事、虎頭蛇尾的手相

感情線紋路的深淺變化，可以看出感情運勢的好壞，以及發展的冷熱趨勢，如果紋路太過單薄或沒有的話，表示感情不順利，遇到阻礙而生變，太過深刻開闊，表示重視肉慾、過於執著，在這裡的話，感情線開頭沒有紋路，表示感情剛開始很辛苦，甚至有膽怯退縮的現象，害怕跟異性表白，也害怕表白被拒絕，所以有拒絕逃避感情的跡象，不過所幸紋路漸漸加深，有重新恢復信心的可能，願意嘗試與人交往，心裡顯得較為開放，不過感情線尾端的紋路分岔，晚年要注意感情生變，需要加強跟另一半的溝通，才能保持親密的關係。

八大丘

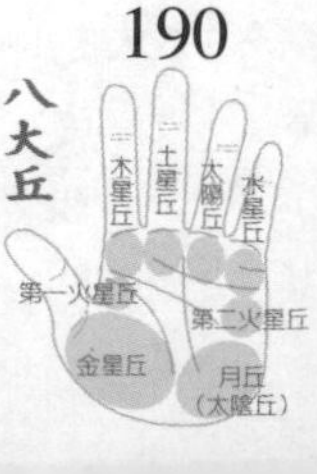

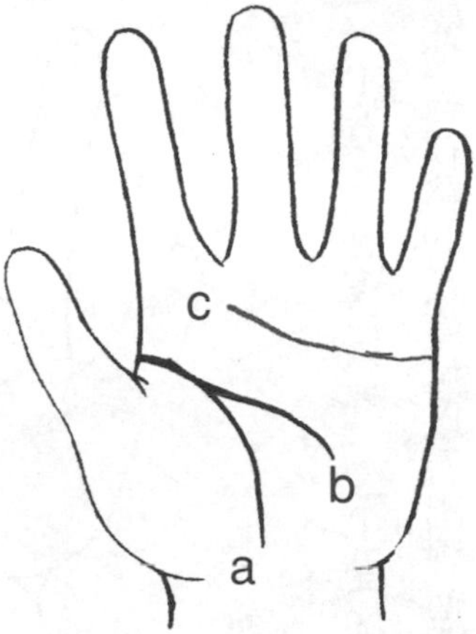

案例

林先生，孤獨老人，平常居無定所，四處撿破爛為生，有時候會被人欺負，而身上都是傷痕，因此對人充滿警戒心跟強烈的排斥感，除非是嚴重到受不了，才會勉強被送醫治療，但隨即就又出外流浪，不願意被安頓在福利收養機構，經過無數次的勸導，才漸漸改變想法，願意配合社工人員。

二十四、失敗創傷、後悔不已的手相

感情線紋路的深淺影響親密度，也可以分析其中過程的發展，而如果能配合婚姻線參照，那麼更可以看出為人的心態，在感情路上是否為情所困，或是顯得毫不在乎，在這裡的話，感情線顯得薄弱，特別是在尾端的部分，表示感情交往漸漸冷淡、有頭熱尾冷的現象，而且尾端沒有向上彎曲，呈現直線的狀態，在交際手腕較欠缺彈性，喜歡擅作主張、獨斷獨行，衝動行事的下場，往往後悔不已，加上婚姻線的部分開岔，就算結婚

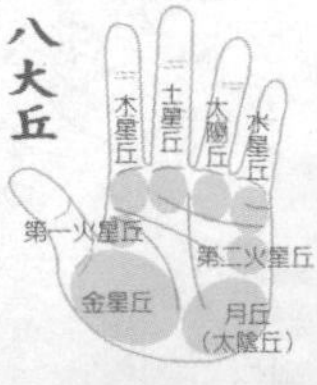

的話，本身也容易受到誘惑而變心，影響到原有的感情基礎，難以保有原本的家庭幸福。

案例

江小姐，離婚單身，從小就早熟，跟許多異性交往過，但都不是很認真，只是當作遊戲來消遣而已，出社會工作後，認識了許先生，熱戀後就結婚，雖然彼此個性不合，但是許先生總是包容她，希望能挽回感情，但她卻不領情，另結新歡而選擇離婚，但對方居然拋棄不要她，讓她心生難過，如今後悔不已。

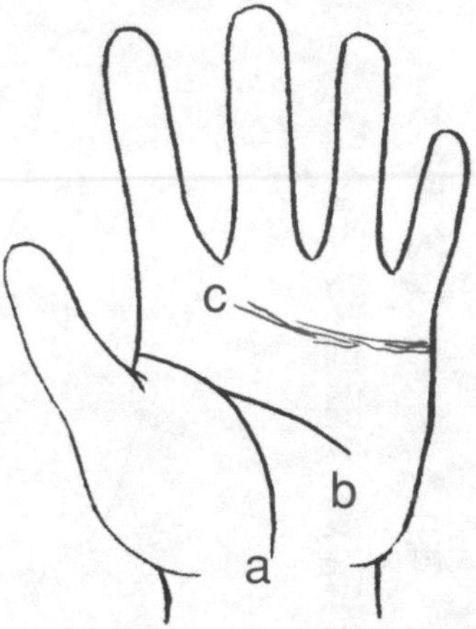

二十五、性喜獵豔、不受拘束的手相

感情線紋路的長度可以看出感情觀是偏向肉慾或者精神方面，如長度過長的話，通常是精神方面的，比較重視心靈的溝通，佔有慾也比較強，如過太短的話，比較重視肉慾，喜好物質的享受，情慾較不節制，在這裡的話，感情線的長度雖然長，但尾端明顯呈現破裂形狀，而前端顯得粗闊許多，表示感情容易走極端，剛開始對情慾會很需求，但是卻無法用情專一，加上分岔的紋路多彎曲向下，心思比較不正，容易動歪腦筋，常常會惹出麻煩，特別是桃色的糾紛，不是花錢消災就是關入牢籠，婚姻方面，恐怕有多次結婚的紀錄，不太能安穩維持。

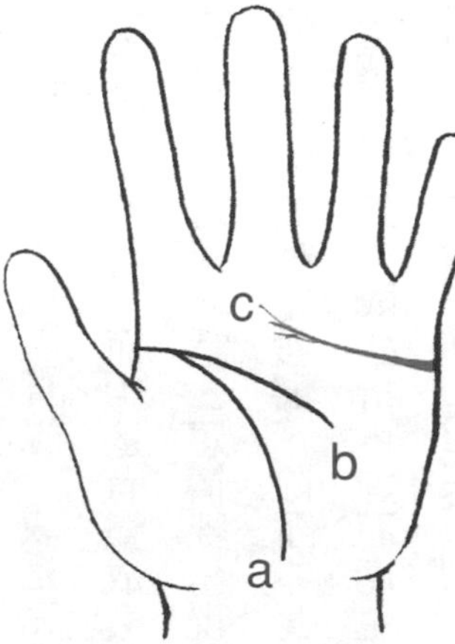

案例

蔡先生，從事教職人員工作，但是卻不守師道，由於色慾薰心的緣故，經常想辦法佔女學生的便宜，甚至還用威逼利誘的手段，讓女學生跟他發生關係，最後事情曝光的結果，被好幾名家長給告上法院，因此被起訴而入獄服刑，出獄後仍不悔改，又再度犯案而入獄，斷送大好前途。

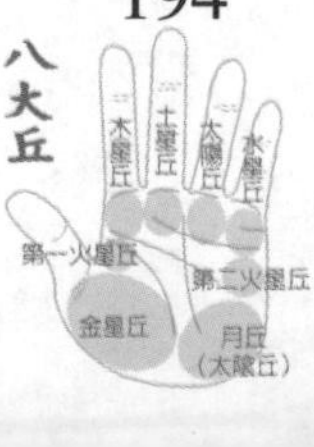

二十六、緣分像雲、若有似無的手相

感情線若不是呈現直線，或是完整無缺的形狀，而是彎曲或是缺損的情況，那麼感情進展通常不順利，而中途有變故發生，使得最後不能相守在一起，甚至有生離死別的慘痛經驗，在這裡的話，感情線呈現雲片狀，像是階梯般一層一層的，表示談男女戀愛的時候，不太能穩定發展，除了本身心思不定外，也容易有環境或外力因素介入而影響，導致感情受到失敗挫折，進而產生情緒化的反應，多半有想要報復的心態，若是有三角戀情的話，最後吃虧的肯定是別人。

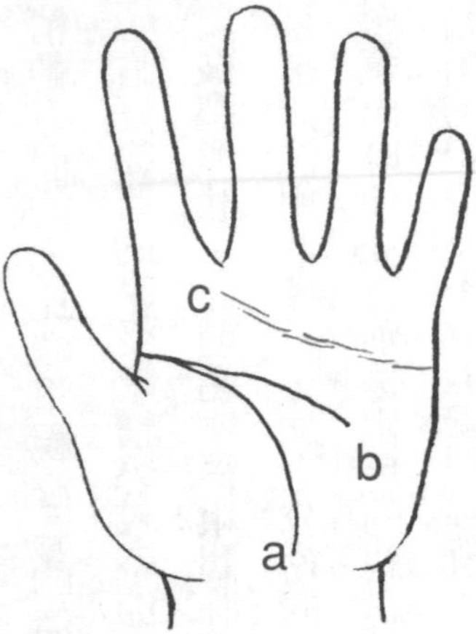

案例

朱小姐，是服裝設計師，赴海外留學的時候，原本有要好的男朋友，但是到了異鄉後，很快就另結新歡，但在學成歸國時，同樣的情形又發生了，不過朱小姐不放在心上，她認為緣分就是這樣，不能夠去強求挽留，因此在工作期間，先後跟不少人陸續交往，消息傳到原本男朋友耳中，傷心難過得幾乎要自殺。

二十七、主觀強烈、情慾導向的手相

感情線的形狀越破裂，感情就越坎坷不利，特別是在心態方面，通常有不正常的觀念表現在行為舉止上，會有亂搞男女關係的可能，加上形狀破裂表示，主觀意識強烈，但偏向於肉慾方面，感情往往來得快、去得快，在這裡的話，感情線比較短，加上形狀呈現雲片狀，表示感情不正常，容易有特殊癖好，若不自我節制的話，成為色情狂的機率很高，不過紋路薄弱的關係，不太能掌握主動情勢，會希望別人主動送上門來，但自己卻無力招架，反倒被對方玩弄戲耍，有時若曝光的話，難免影響到婚姻的穩定，配偶會提出離婚的協議，感情上弄得兩頭落空情況。

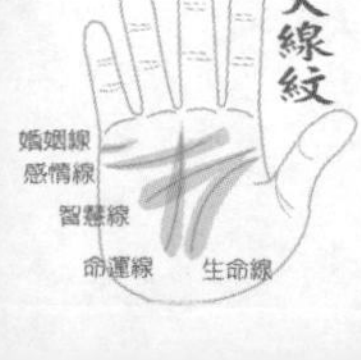

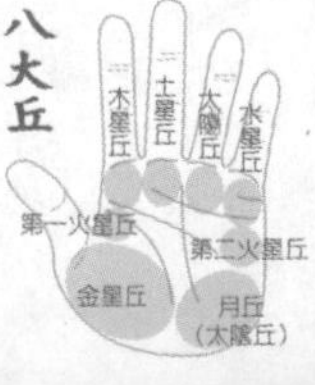

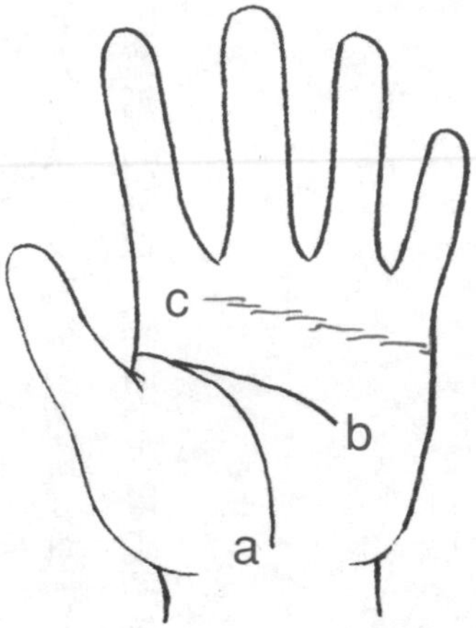

案例

康先生，專案技術人員，學歷滿優秀的，但是感情路上卻很坎坷，一直都不是很順利，原因是因為個性很木訥，不善於主動表達情感，但是卻因為如此，讓許多異性認為他老實，願意跟他進一步交往，半推半就的情況下，居然同時腳踏多條船，讓他十分的痛苦煩惱，幸好最後圓滿落幕，否則情況不堪設想。

二十八、好奇天真、半推半就的手相

感情線如果是雲片狀的話，感情通常是維持不久，而且有一直更換對象的可能，不過依照紋路的長度來看，仍然可以知道對感情是否執著，或者維持某些不正常的關係，在這裡的話，感情線呈現雲片狀，一層一層的階梯模樣，表示感情方面不穩定，喜歡新奇刺激的戀情，剛開始不會排斥，有來者不拒的現象，因此桃花不僅多，男女關係也隨便，心裡總是充滿矛盾，但若是雲片狀的紋路較長，雖然是不正常的關係，但心裡卻會故意維持，希望從中得到某些安慰，但最後仍沒有幸福的結局，只是造成彼此的拖累而已，特別是有家庭婚姻的話，那麼就必須要檢點節制，以免夫妻以離異收場。

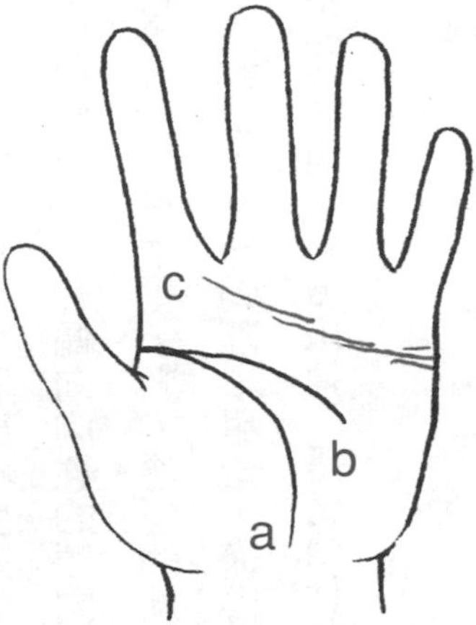

案例

胡小姐，個性大方熱情，人緣相當不錯，又從事服務業，所以生意特別好，公司對她很器重，不過感情卻不怎麼順利，離開原本的公司後，跟舊同事仍然保持來往，沒多久就跟對方的先生熟識起來，彼此都還滿聊得來的，後來進一步發生了關係，等到事情爆發以後，對方全家就移民海外定居，不倫關係暫時告一段落。

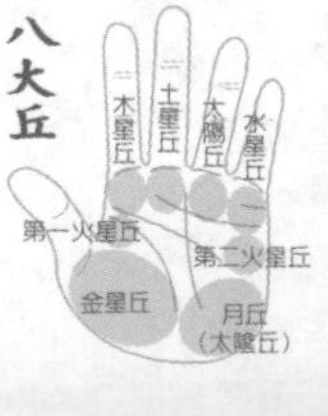

二十九、說謊獵豔、偷心高手的手相

感情線的的形狀雖然可以看出感情運勢，以及個人對感情的觀念態度，但掌中的紋路不能獨論，還是必須配合參照來判斷，比較能得出準確的結論，特別是理智線方面，是另外的重點所在，可看出程度差異或機率多寡，在這裡的話，感情線呈現雲片狀，表示感情觀念薄弱，有偏向肉慾的傾向，喜歡在風月場所逗留，尋找獵艷的對象，而且理智線尾端部分往下垂，朝太陰丘的部分去，為人喜歡幻想、不切實際，但反應在感情上的話，說話十分的動聽、甜蜜，懂得運用溫柔的手段，使得對方失去了戒心，而達成其目的之後，再把對方甩掉，是習慣性的愛情騙子，婚姻也容易離異，有多次紀錄的現象。

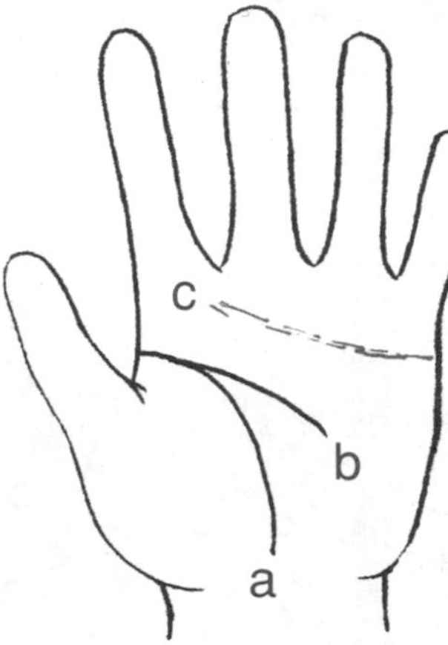

案例

羅先生，有婦之夫，對情慾很嚮往，但是偏偏很挑剔，希望對方是個美女，否則不願意白費力氣追求，一旦選定目標，就會想辦法獲得對方的好感，甚至不惜編造謊言欺騙，讓對方解除警戒心，進而跟對方上床發生關係，事後若被拆穿，就只好敷衍承認，想辦法脫身離去，再尋找下一個目標。

三十、感情薄弱、個性使然的手相

在分析感情的時候，除了外在的客觀因素外，就是主觀的個性所導致，千萬不要偏頗任何一方，都必須同時參考在內，在感情論斷上會顯得比較有說服力，才能看出真正的癥結所在，在這裡的話，感情線呈現雲片狀，表示對感情不是很看重，有愛情遊戲的心態，但不全然是不好的，只是需要新奇刺激，否則的話，就容易感到厭倦難耐，關係就會漸漸疏遠，不過感情線當中有島紋出現，象徵遇到了阻礙困難，多半是自尋煩惱的緣

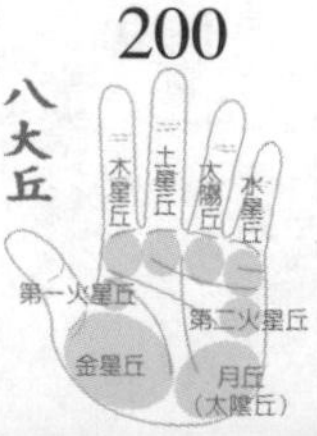

故，是動了真感情的徵兆，但紋路為雲片狀的關係，嚮往自由無拘束的生活，感情最後還是沒有結果。

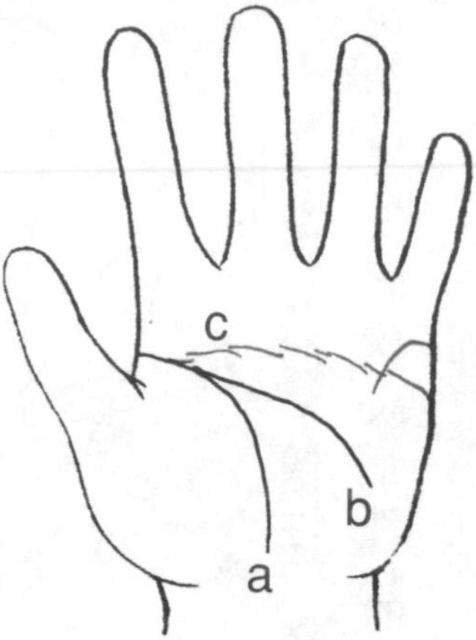

案例

董小姐，個性豪邁，不拘小節，但是對於感情卻是十分隨便，從開始談戀愛至今，幾乎都跟對方發生關係，並且認為感情就是如此，飲食男女的結果，讓她也選擇風月場所工作，並且樂在其中，雖然期間有結婚的紀錄，但最後都以離婚收場，有一次要協議離婚，在對方苦苦哀求之下，也只是延長了半年而已。

三十一、身心煎熬、痛苦不堪的手相

感情線紋路若過長，表示非常重視感情，有癡情的現象，不過由於是雲片狀的關係，表示無法主導掌握，會有心有餘力不足的現象，感情顯得若有似無，通常是沒有完好的結局，在這裡的話，感情線長度過長，表示執著重情，但感情線有紋路劃過破壞，表示容易遇到變故，而有生離死別的可能，身心備受煎熬痛苦，又感情線尾端往下插入理智線，表示理性受到壓抑，有情緒化的可能，若嚴重的話，很可能為情所困，會有想不開的念頭，也影響正常的人際關係與事業的發展，必須要用時間來沖淡回憶，找人商量開導才行。

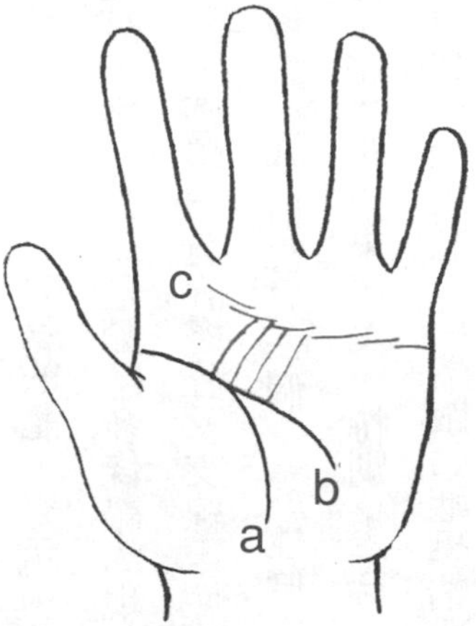

案例

馮先生，跟女友是青梅竹馬，從小一起玩到大，感情十分的融洽，但是後來女友全家移民，在遙遠距離的情況下，女友很快的移情別戀，自己顯得非常的難過，很想要找女方說清楚，但是對方居然發生意外，導致天人永隔的慘劇，從此封閉心靈，拒絕愛情，維持滿長時間的單身。

三十二、感情分岔、在外偷腥的手相

感情線如果有分岔的話，表示用情不專，有分散心力的現象，身邊的桃花眾多，很可能有三角戀情或是腳踏多條船的現象，但感情始終不穩定，無法馬上安定下來，在這裡的話，感情線有許多分岔支線，像是掃把一樣的形狀，表示為人反反覆覆，有喜怒無常的現象，感情會見一個、愛一個，不會考慮後果，經常私下出軌外遇，而惹上桃色糾紛，需要花錢來消災，特別是分岔支線朝下劃過理智線，會使得情況更加明顯嚴重，若不自我節制的話，感情跟婚姻恐怕難保長久，會不停陷入波折當中。

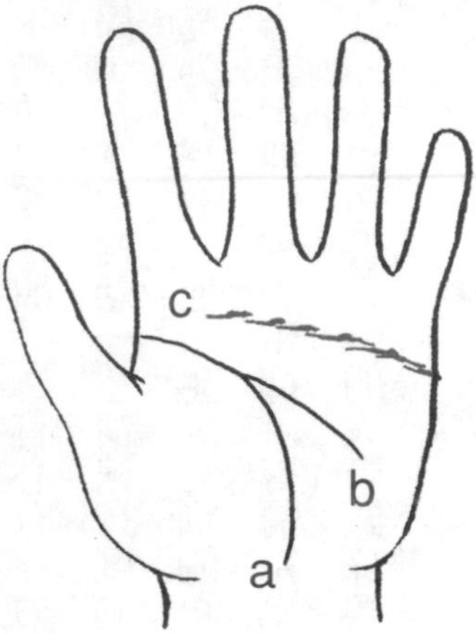

案例

賴先生，從事小吃行業，生意還算不錯，因此頗有自信，但在感情上卻不是如此，早年桃花眾多，被許多異性糾纏，最後太太殺出重圍，才抓住賴先生的心，婚後賴先生仍舊充滿魅力，加上經不起誘惑的關係，跟一名風塵女子偷情，事後對方提

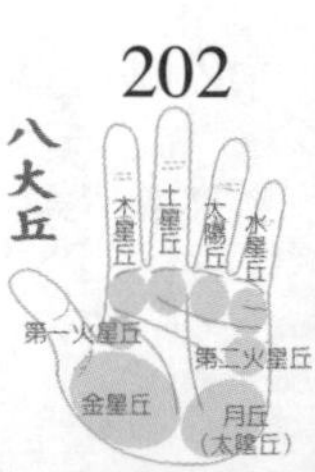

出分手要求，趁機勒索大撈一筆，只好乖乖投降照辦。

三十三、爭執不斷、裝模作樣的手相

感情線呈現雲片狀，而且有破裂的情況，除了感情不穩定之外，也象徵感情冷淡不親密，跟另一半不是很和諧，經常有爭執吵鬧的現象，但表面上並不會顯露出來，外人有時候都無從得知，只能從感情紋路走勢來判斷，在這裡的話，感情線沒那麼雜亂，但紋路仍為雲片狀，表示感情方面不穩定，容易受到異性引誘，有花心偷情的可能，若不是有三角戀情，就是惹上桃色糾紛，與另一半會產生嚴重的心結，但不見得會離婚，是因為紋路不雜亂，彎曲不明顯的關係。

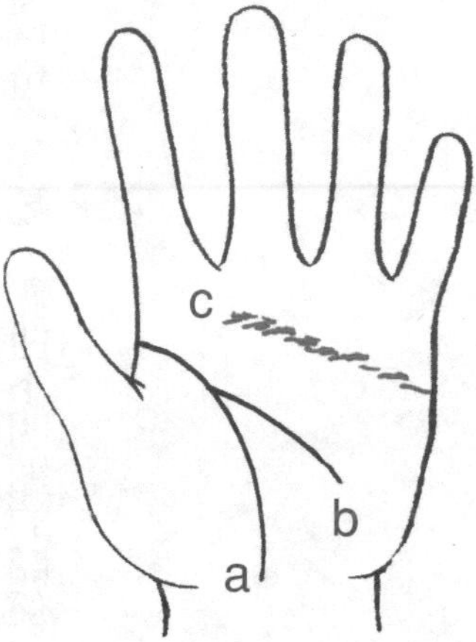

案例

范先生，是公務人員，生活十分穩定，表面上看起來很有禮節，其實對情慾方面很有興趣，總是花時間去收集黃色書籍或影片，被太太發現後雖然收斂許多，但卻轉為出外實際召妓，把太太蒙在鼓裡，連多年同事也不知情，有次因此被設計仙人跳，怕事情越鬧越大，只好花錢消災了事。

三十四、紋路掃把、風流好玩的手相

感情線如果紋路呈現雲片狀，又尾端部分紋路分岔，呈現像掃把一樣的形狀，表示感情除了花心風流，心態上更是放縱不拘，簡直把愛情當作遊戲人間，是燈紅酒綠的享受，沒有道德約束的觀念，在這裡的話，感情線尾端有掃把形狀，紋路非常密集雜亂，表示非常有異性魅力、身邊的桃花不斷，男女交往關係複雜，對象通常以經濟為考量，是屬於崇拜金錢的類型，所以除了感情風波之外，生活幾乎沒有其他重心，工作也只是

一種掩飾，私下會喜歡玩樂，留連夜店、舞廳，非常容易受壞朋友的拖累。

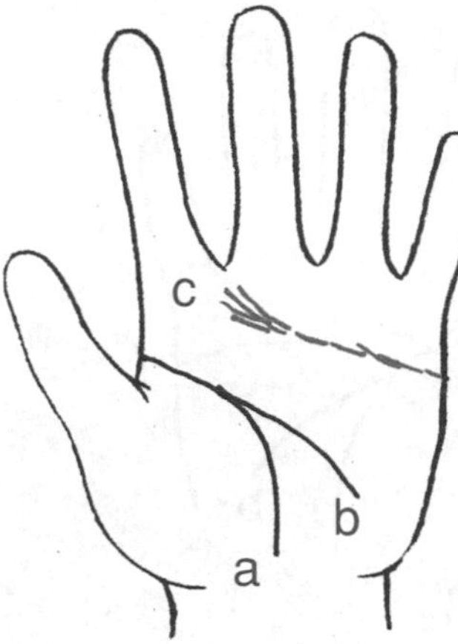

案例

余小姐，外表長得俏麗動人，但心態卻不太成熟，從小被父母呵護，脾氣顯得驕縱，對許多異性的追求，通常是不理不採，甚至會存心捉弄，但是仍是保持清純模樣，但上了大學以後，受到朋友的慫恿影響，對很多事情感到新奇，並且想要去嘗試，沒多久就跟男同學發生關係，變得名副其實的豪放女。

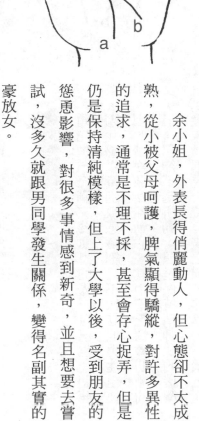

三十五、主線交錯、愛情惆悵的手相

感情線的紋路能看出趨勢，但不能單獨拿來論斷感情，還是必須參照其他主紋，才能知道比較客觀的資訊，推斷上比較能拿捏分寸，以及實際可能發生的情況，特別是理智

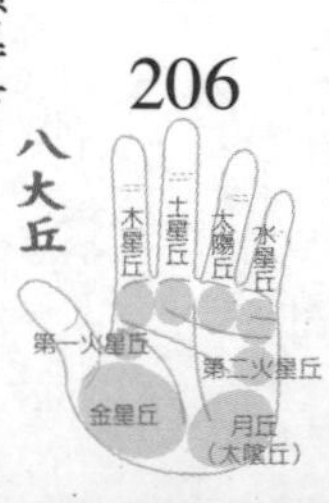

線跟生命線部分，在這裡的話，感情線的紋路深長，表示為人重視感情生活，但顯得有點執著頑固，不太願意放開心胸，一旦愛上對方以後，就非要跟對方在一起不可，甚至沒有辦法相愛相守，心裡面還是會惦記著對方，形成一種情感憂鬱的現象，終日悶悶不樂的結果，很可能影響到事業，特別是感情線有跟理智線相連，表示理智線受壓制，行為舉止比較情緒化，有衝動行事的可能，要適當的抒發心情才好。

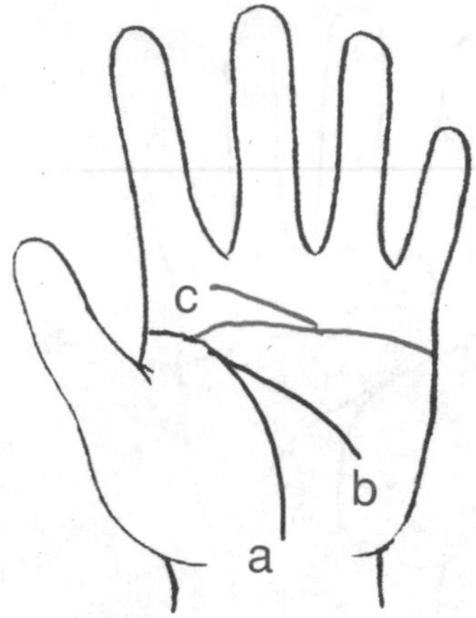

案例

顧先生，充滿文藝氣息的人，自己也是個藝文家，因此感覺特別敏感纖細，不像其他男性粗枝大葉，因此讓許多女性動心，其中不乏情竇初開的少女，但自己卻不為所動，只是保持精神式的接觸，直到後來，遇見一位有夫之婦，非常的心儀，而展開熱烈的追求，想要介入當第三者，可惜遭到對方的拒絕。

三十六、心機深沉、愛情戲子的手相

感情線的紋路雜亂分岔，表示對感情不認真，有遊戲人間的心態，特別是感情線的形狀有破裂的現象，象徵一段又一段的愛情過程，反反覆覆的更換伴侶，卻始終找不到真愛，也無法拋棄喜新厭舊的習慣，在這裡的話，感情雖然呈現雲片狀，但更重要的是手掌主線為川字紋，表示喜歡主動，腦筋動得很快，脾氣也相當的直接，有愛恨分明的味道，但實際上是心機深沉，對於感情會使用手段，非達到目的不可，往往陷於肉慾的滿足當中，有無法自拔的傾向，感情跟婚姻方面，不太適合早婚，必須經過社會的磨練，有了人生閱歷之後，再談感情會比較適合，否則很容易因早婚而離婚。

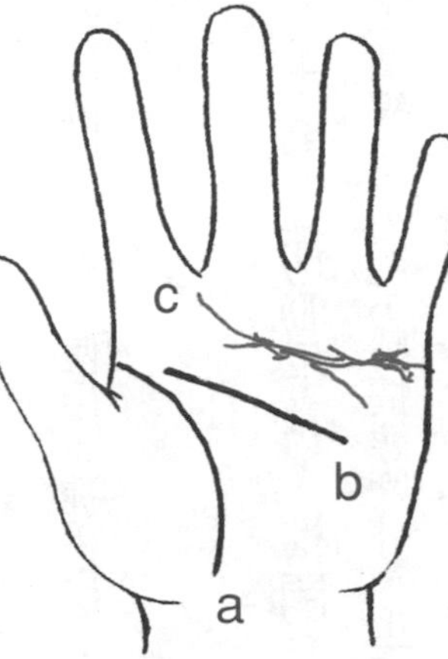

案例

藍先生，感情觀念開放，對很多事情都能接受，特別是感情方面，總是出乎他人意料，跟不認識的對象也可以有一夜情的情況，而且還主動出擊，到處去獵豔，用言語或金錢來打動對方，若對

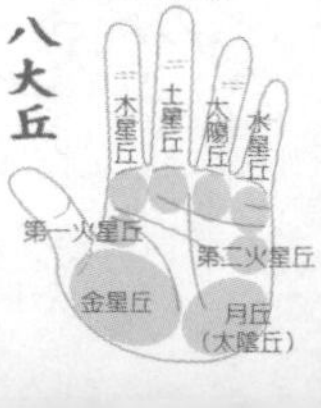

方拒絕的話，就會使用各種手段，非要對方屈服不可，為了滿足肉慾而不停活動，目前仍然單身。

三十七、衝動早熟、梅開多度的手相

感情線除了表示感情態度外，也可以推斷為人的個性，特別是在人際關係方面，可以得知交際手腕的優劣，也可作為是否有人緣或桃花的依據，是非常值得注意的地方，在這裡的話，感情線長度較長，而理智線的紋路較短，表示很容易情緒化，而做出無理失智的舉動，特別是感情受到挫折創傷時，常常會有驚人之舉，事後往往後悔莫及，必須要控制脾氣才好，否則難保感情和樂、婚姻幸福，有多次重婚的可能，又理智線粗闊短淺，不善於溝通協調，心靈比較封閉，與人很少接觸，恐怕有孤獨寂寞的現象。

案例

楊先生，擔任行政主管，前後有三次離婚的紀錄，為什麼會如此呢？在感情當中，對自己不是很有信心，很怕遭到對方的嫌棄，因此發生問題的時候，總是先聲奪人，希望氣勢壓過對方，掩飾自卑的心態，所以離婚的話一出口，就馬上感到後悔了，但對方卻不願意忍受，往往堅持要離婚的要求。

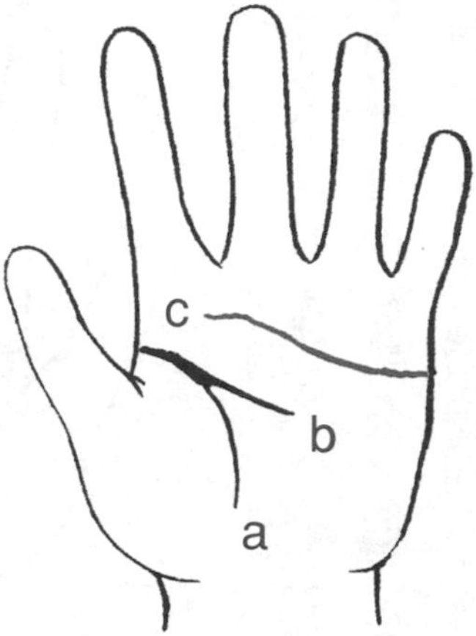

三十八、任性驕縱、白頭無望的手相

感情線除了看感情對待外，也可以推斷為人的個性，雙管其下的判斷才是比較客觀的評判，又感情線不是唯一指標，理智線也是非常重要的環節，就算感情線較差，若理智線良好的話，也是有辦法度過難關，而獲得轉圜的餘地，在這裡的話，感情線的紋路不明顯，表示對自己缺乏信心，而且感情交往上，時間越久就越覺得負擔，有逃避現實

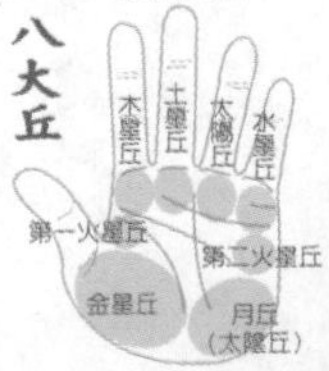

的傾向，又掌中主紋為川字紋，表示為人任性固執，不肯退讓認錯，有話通常直言不諱，所以跟另一半容易有口角產生，彼此心結一產生的話，最後不得已只好離婚。

案例

李先生，感情路途不是很順利，多次的戀愛都沒結果，隨著年紀的增長，受到親朋好友的壓力不小，所以就隨便相親結婚，也不仔細考慮清楚，結婚一段時間後，彼此個性明顯有差異，妻子非常的固執倔強，偏偏要做職業婦女，不願意乖乖待在家中，溝通不良的情況下，最後只好選擇離婚。

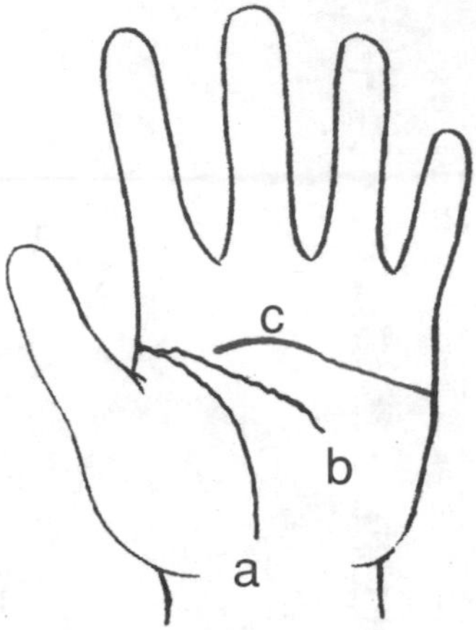

三十九、情慾過重、難保婚姻的手相

感情線的長度是觀看執著的程度，若較長的話，比較重視情感的溝通，佔有慾較強，若短的話，表示重視現實利益，會偏向物質享受，感情會有見獵心喜的現象，不停尋找更換伴侶，以滿足自己的慾望，在這裡的話，感情線的長度不足，表示偏向肉慾沉迷，又感情線尾端向下彎曲，而接觸到理智線上，表示容易遭受誘惑，判斷能力較差，有招惹桃色糾紛的可能，如果有婚姻的話，私下會另結新歡，而不讓另一半知情，通常是問題無法收拾，才會一口氣爆發出來，造成嚴重的衝突與遺憾，婚姻就因此而中斷。

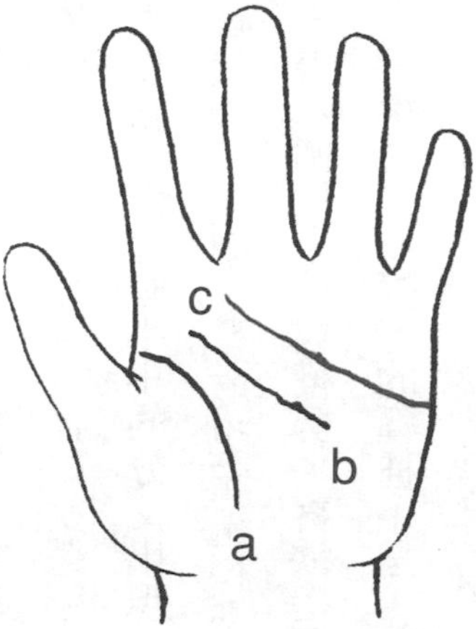

案例

邱先生，已經結婚，本來是業務推銷員，常跟許多人接觸，隨著時間經過，業績逐漸成長，很快就有升遷的機會，當上主管以後，交際應酬就多了起來，有時必須要配合客戶到一些聲色場所去，難免會有假戲真做的情況，太太知道後很不諒解，甚至揚言要離婚，才稍微節制收斂，不敢隨便拈花惹草。

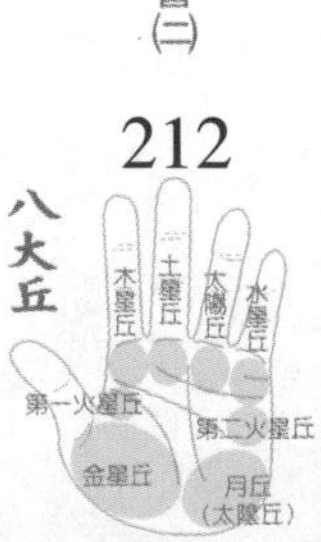

四十、末端分岔、我行我素的手相

感情線的長度長，不見得感情運勢就好，紋路還要深長明顯，中間沒有破裂的現象，才表示感情自主性高，懂得挑選適當伴侶，而且不容易遭受外來阻礙，交往過程會進行得很順利，但若有小小的分叉出現，情況可就有一百八十度轉變了，在這裡的話，感情線雖然深長明顯，長度也超過標準，但是尾端卻出現分岔，另一條紋路往食指下方延伸，表示個性上重視權勢，喜歡指揮另一半做事，若不聽從自己的意見，便會大發脾氣吵鬧，拚命指責對方的種種不是，若對方忍受不了就會提議分手，但此時面子偏偏又掛不住，不願意被人家拋棄甩掉，而有僵持不下、拖延難解的情況。

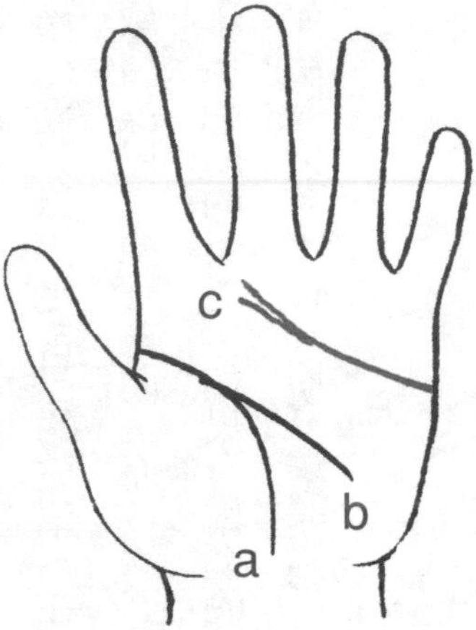

案例

何小姐，個性嬌生慣養，受到父母寵愛，所以常在外招惹是非，而讓家人收拾爛攤子，久了以後就養成習慣了，有時還會故意捏造謊言來推卸自己的責任，讓家人覺得非常傷心難過，也不知道如何是好，感情上更是分分合合，不少男友都忍受不了她的大小姐脾氣，紛紛提出分手要求。

四十一、分岔交錯、愛得瘋狂的手相

感情線如果往下彎曲的話，那麼感情運勢通常不佳，而且發展過程當中，彼此感情會慢慢的冷淡，最後不了了之，特別是有分岔的現象，那麼情況將更為明顯，帶有見異思遷的想法，在這裡的話，感情線尾端不僅往下垂，而且帶有分岔的現象，表示感情方面出了問題，男女情慾多半不正常，有色情狂的傾向，特別是感情線的紋路，不但劃過了理智線，更直接劃過生命線，表示情慾需求不僅激烈，還不太能自我節制，不考慮嚴重的後果，經常因為色情惹禍上身，影響到個人的名譽、事業也在所不惜，有婚姻的話，也容易風流成性，而導致離婚。

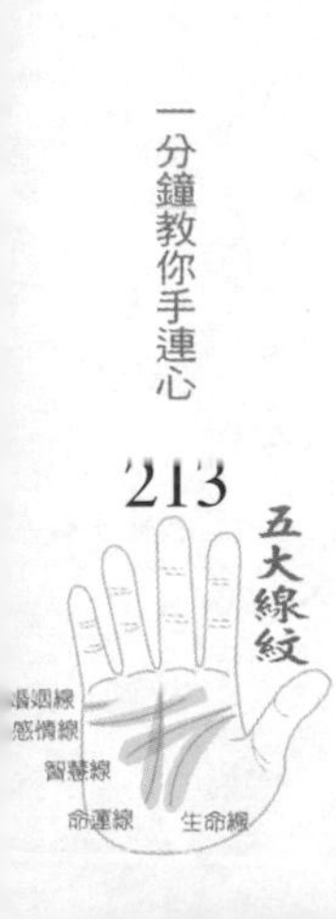

案例

艾先生，是心理輔導的老師，可以接觸許多的學員，其中不乏青春貌美的女學員，而且還可以利用職務之便，取得對方的各種資料，因此下手就比較容易，有次看上一位已婚少婦，設法跟對方糾纏，想要佔對方便宜，但卻被對方報警處理，事後不知悔改，還誘拐另一位女學員，結果不但失敗，還落得牢獄之災的下場。

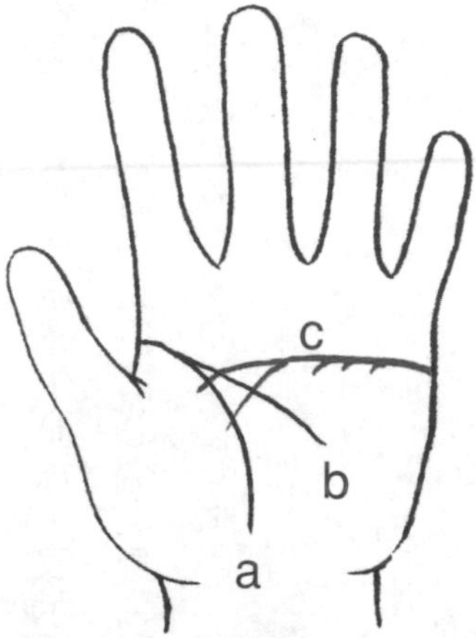

四十二、波浪彎曲、曖昧不明的手相

感情線最好是深明的直線，而尾端部分稍微彎曲上升，算是比較理想的情況，但如果是破裂的形狀，或是有彎彎曲曲的現象，多半表示感情不穩定，有喜新厭舊的可能，身邊桃花雖然眾多，但總是帶來不少麻煩，影響到個人的情緒，在這裡的話，感情線還算完整，沒有明顯的破裂，表示不會遭遇嚴重的變故而導致生離死別的情況，不過由紋路彎曲起伏來看，可以知道為人心思浮動，感情方面容易遭受誘惑，或是有投懷送抱的現象，通常發生三角戀情，或是跟別人有曖昧的關係，並且傳出謠言來，徒增個人的困擾，恐怕難以維持感情婚姻。

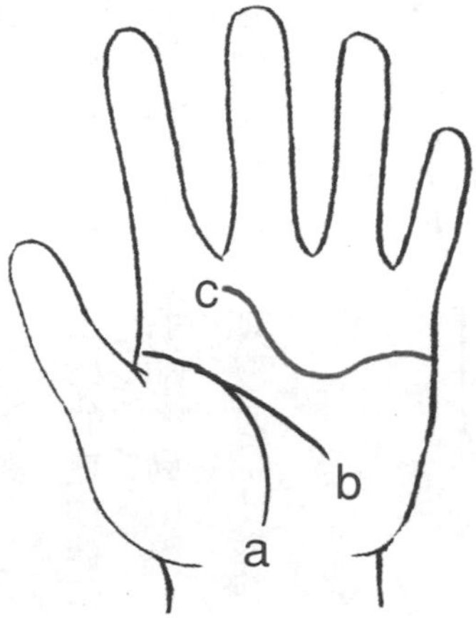

案例

唐先生，年紀不小了，雖然談過幾次戀愛，但最後關頭都錯過機會，沒能大膽的表示求婚，所以對方都離他而去，這是由於他個性不夠果斷，而且優柔寡斷的緣故，加上談戀愛時，也不懂拒絕其他異性投懷送抱，曖昧不明的情況，讓女朋友會吃醋嫉妒，甚至憤而提出分手，所以至今仍是單身王老五。

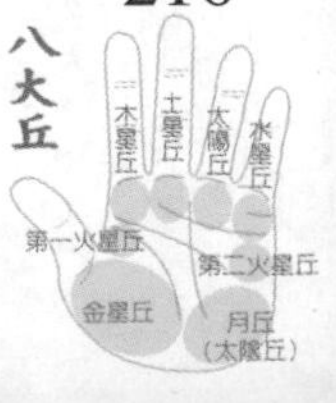

四十三、波浪分岔、忽冷忽熱的手相

以感情線的紋路來看，波浪代表心思不定，有左右搖擺的可能，對感情不是很認真對待，有騎驢找馬的心態，而分岔則有喜新厭舊的傾向，感情容易更換交往對象，在這裡的話，感情線是兼具波浪跟分岔的，表示感情生活多采多姿，經常有桃花緋聞出現，不然就是感覺淡了，不停的更換伴侶來尋求新鮮刺激，所以戀情發生到結束，通常維持很短暫的時間，但心力卻容易憔悴，付出不算小的代價，因此若能善用發揮其異性緣，仔細挑選交往對象，那麼感情才能夠長久，不至於只是曇花一現。

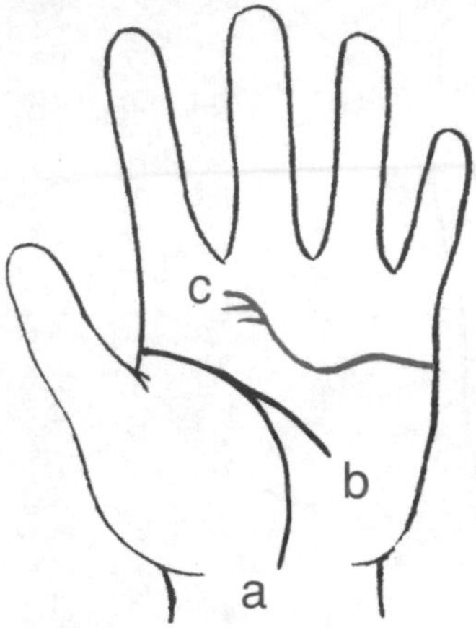

案例

柯先生，感情觀念保守，不太敢積極進取，對於異性的暗示，心裡不是不知道，只是遲遲不願行動，而沉浸在幻想當中，當對方失去耐性之後，戀情也自然而然告吹，最後遇到一位喜歡的對象，兩人也彼此有好感，但無論如何，就是不敢直接開口求婚，對方等不到承諾之下，傷心失望的離開了。

四十四、破裂多重、婚姻不妙的手相

感情線的開端若出現問題，表示感情剛開始就不順利，而且心態上較不正常，出發點都比較偏激極端，自然得不到好的感情，如果理智線又不良的話，那情況更加的嚴重、明顯，在這裡的話，在感情線的開端的紋路，明顯有破裂的情況，感情運勢通常不埋想，有中途彎曲的現象，心思容易遭受誘惑，而有把持不住的可能，特別是雙重理智線的紋路，影響到本身的判斷能力，做決定時會比較冷酷無情，因此就算感情受創傷，也不會十分在意，反而會加速尋找對象，作為感情空虛的替代品，但婚姻線雜亂，緣分稍微薄弱，成家立業的可能性不高。

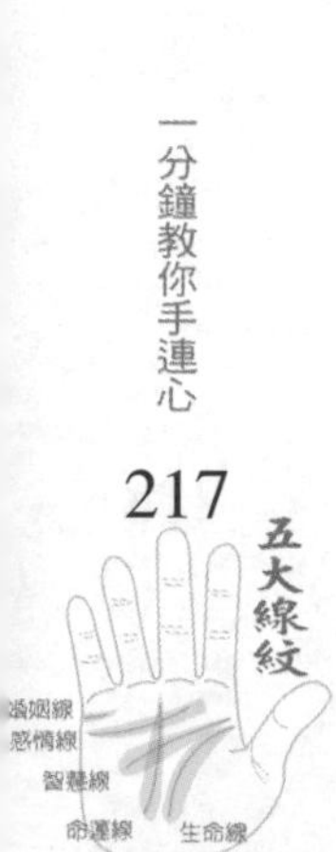

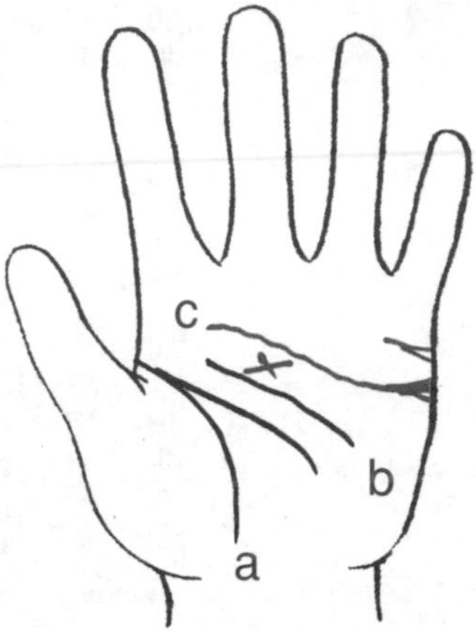

案例

鄭先生，有詐騙的前科，利用各種手段騙財、騙色，但是自己卻不知醒悟，多年婚姻也因此告終，而後又另外認識新歡，跟著他一起重操舊業，讓許多被害人上當受騙，搜括不少的財物，但結果不小心出了人命，最後被警方逮捕，要在牢裡待上好長一段時間，恐怕出來以後，已經是半百之身。

四十五、雜亂無章、蹉跎等待的手相

感情線若顯得雜亂無章，表示對感情相當迷惘，不知道該如何進行，因此判斷上比較差，有吃虧上當的可能，特別是男女初戀的話，都會經歷過痛苦折磨的階段，才能夠邁入成熟穩定的階段，在這裡的話，感情線細紋叢生，表示麻煩相當多，心裡的衝突與矛盾也大，又紋路有分岔的現象，表示桃花眾多，會有腳踏多條船的情況，不過多角戀情曝光後，必須要面臨嚴重的批評，會有激烈的舉動出現，因此有段時間會顯得冷酷，不理睬身邊的追求者，但其實心裡很想談戀愛，只是害怕再度失敗，而將情感壓抑下來，顯得優柔寡斷、進退兩難。

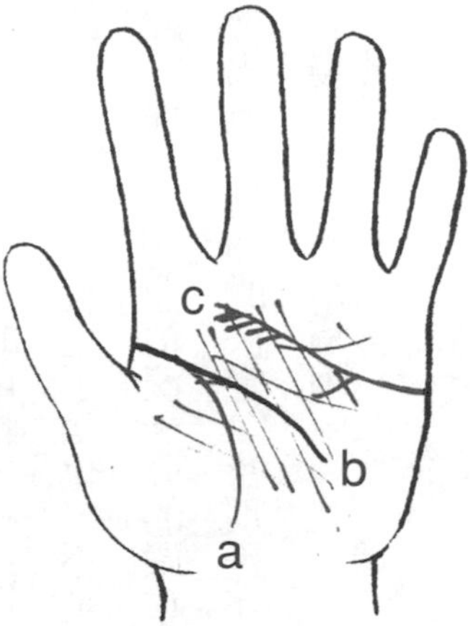

案例

章小姐，對愛情非常的執著，但是卻不懂得節制，身邊的桃花眾多，追求者也很多，交個男朋友簡直易如反掌，但由於心思浮動的緣故，很容易被異性誘惑，進而跟對方發生性關係，因此感情都維持不久，不過心裡面卻依舊堅持要談段最完美的感情，卻始終無法如願以償，一直蹉跎歲月到如今。

四十六、出現波浪、三心二意的手相

感情線出現波浪的情況，除了象徵心思不定之外，也表示週遭環境的變化，會替自己帶來不必要的麻煩，特別是男女感情方面，將會有眾多異性糾纏，形成曖昧不明的情況，這是值得參考的重點，在這裡的話，感情線原本還不錯，但中途的地方卻產生波浪彎曲，表示感情發生了變化，不是喜新厭舊想分手，就是面臨環境上的考驗，再者，理智線的部分，彎曲情況十分的嚴重，表示欠缺主見，行事衝動，容易被旁人慫恿煽動，而做出無法彌補的決定，特別是在感情婚姻方面，只要發生爭執吵鬧，下場幾乎都是離異收場，讓人不甚噓唏。

八大丘

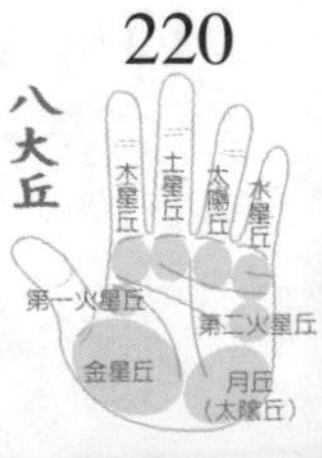

案例

袁先生，在麵包店擔任師父，已經結過一次婚，但是很快就離婚，原因是因為個性不合，加上對方父母冷嘲熱諷，說自己沒什麼出息可言，時日一久，就埋下爆發的種子，有天朋友跟老婆有過節，彼此溝通不成，就對妻子破口大罵，說出要離婚的恐嚇，妻子一氣之下竟然當真，所以就簽下離婚協議書。

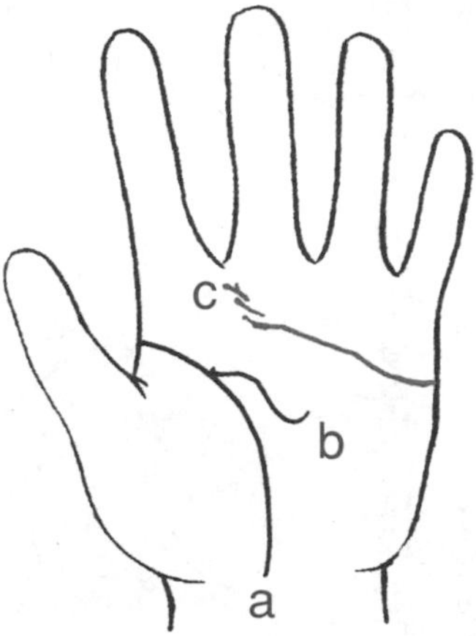

四十七、捕風捉影、不切實際的手相

感情線也許不是很理想，但是只要不是很嚴重，那麼感情通常可以穩定發展，不會有太大的困難阻礙，但如果理智線非常的糟糕，就算感情線有一點問題，也會變成滾雪球般，引發相當嚴重的後果，在這裡的話，感情線雖然呈現彎曲波浪，表示心思浮動、不太穩定，感情方面多半早熟，有實際的戀愛經驗，但因為帶有神經質的關係，使得相處

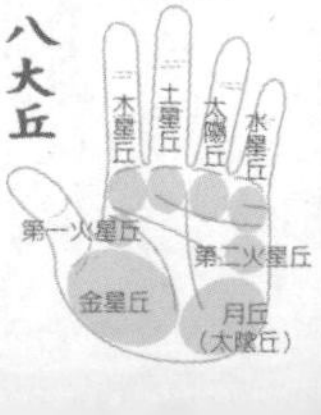

溝通上有問題，又理智線的形狀出現島紋及分岔，這種疑神疑鬼的情況，將更加的明顯，而且有庸人自擾的傾向，感情婚姻上，若不加強信任的話，真的發生問題，情勢便一發不可收拾。

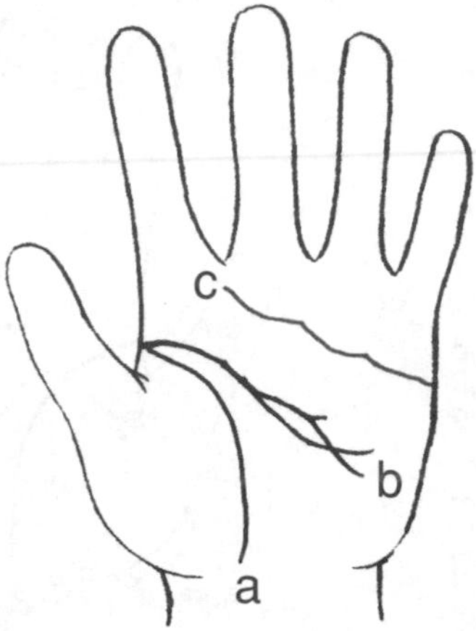

案例

呂小姐，畢業出社會工作，就到一家店裡幫忙，跟許老闆漸漸的熟識起來，不久發生婚外情，老闆就選擇跟老婆離婚，然後娶了呂小姐，呂小姐過門，不像以前那樣溫柔婉約，反而對老闆採取緊迫盯人，一有任何風吹草動，馬上就大發醋勁，深怕別人搶走老公，夫妻關係顯得緊張。

四十八、浪子多情、情感無奈的手相

感情線如果有破裂的話，感情運勢多半較差，會遭遇許多的不幸，影響感情的穩固與維持，又感情線呈現彎曲，會有被引誘的可能，通常會情不自禁，而有外遇出軌的現象，引起相當大的震撼，結果往往不是很好，在這裡的話，感情線有彎曲的紋路，加上破裂的情況，可以得知為人情慾較重，有尋花問柳、情場獵豔的可能，又理智線雖然雙重，但紋路明顯較短，無法發揮作用，所以感情的問題，遲遲未能解決，容易放在心裡面，造成極大的負擔，這種情況之下，反倒會借酒澆愁、沉迷酒色當中，影響到事業與婚姻。

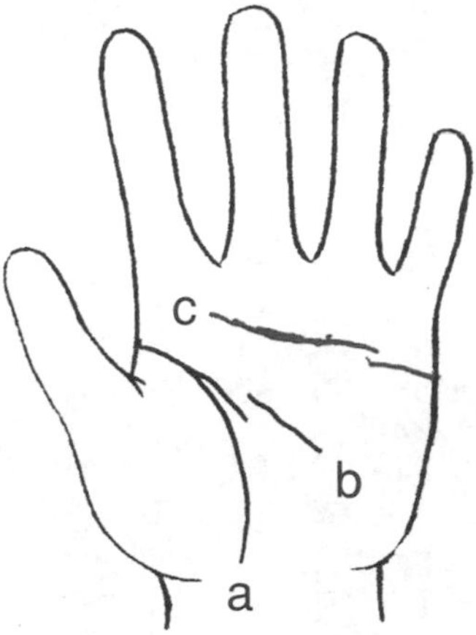

案例

梁先生，是經營生意買賣的，原本有家庭的他，因為工作的緣故，忽略身邊妻子的感受，等到彼此發現有問題時，感情已經出現裂縫，無法再縫合起來了，因此就協議分手，梁先生為此大受打擊，整個人性情大變，老是在外花天酒地，邂逅不少歡場女子，但都是露水姻緣而已，不停更換對象

交往。

四十九、小氣財神、偏好女色的手相

感情線除了看感情以外，其他的部分也可以推敲，像是為人的品味、情緒的變化、舉止操守、生活習慣等等，都具有一定程度的影響，這些跟感情看似沒有關聯，但其實是大有關係的，在這裡的話，感情線呈現彎曲波狀，表示感情不是很穩定，會有許多不滿產生，又感情線的長度較短，會有享樂主義的傾向，凡事以物質作為標準，連談戀愛的時候，也都會以外貌和條件作為考量，若對方想佔自己的好處，心裡會非常的計較在意，反之，若佔人家便宜的話，則會得寸進尺，產生不平衡的對待，又理智線同樣較短，腦筋比較不會想，遇到事情總是直來直往，不懂得婉轉應付，於是痛苦、煩惱的機會就相當多，特別是金錢跟感情合在一起的時候。

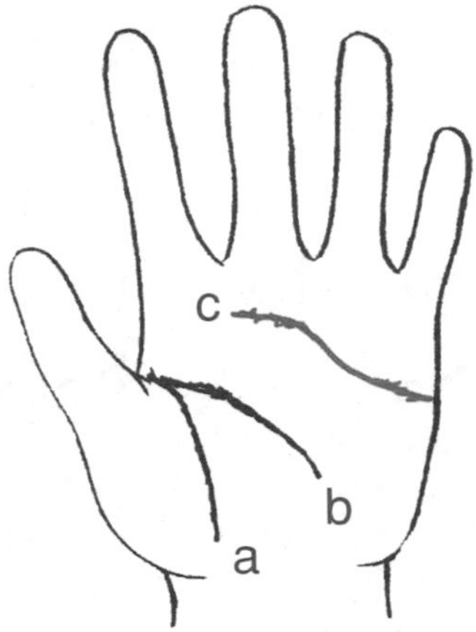

案例

熊先生，童年生活非常貧窮，所以立志將來要賺錢，讓自己能過享受的生活，所以對學業不是很重視，反而不停的打零工賺錢，畢業後做勞力的工作，也認識現在的妻子，不過由於娘家老是伸手要錢，讓他的負擔很沉重，常會向妻子抱怨嘮叨，妻子為了保全婚姻，也只得忍氣吞聲，但情況卻沒有任何改善。

五十、島紋出現、心防脆弱的手相

感情線的部分若出現島紋，表示感情遭遇過阻礙，有自尋煩惱的傾向，心情會比較鑽牛角尖，若無法抒發解悶的話，很可能會有精神方面的問題，嚴重的時候，還可能想不開而輕生，所以感情上有島紋出現，多半象徵感情的失敗與傷害，在這裡的話，感情線出現島紋，而且紋路又呈現波浪狀，表示身邊的桃花眾多，異性會主動前來搭訕，自己

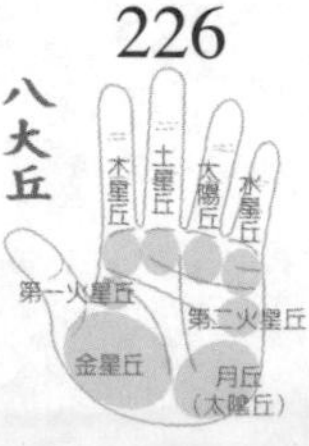

不懂得適時拒絕，會陷入情愛的糾葛關係，男女關係顯得複雜，又掌中呈現川字紋，做事情容易固執且衝動，對旁人的勸告往往不聽，堅持己見的結果，通常帶來更深的傷害，而短時間無法復原。

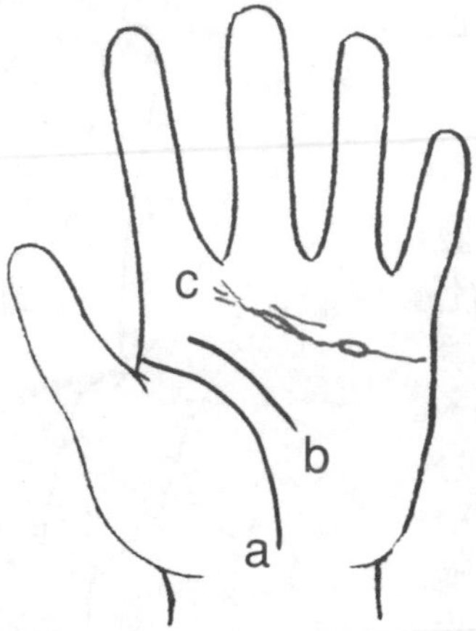

案例

蔡小姐，初戀的男朋友是同班同學，畢業後仍在一起，工作的地方也很近，但好景不常，居然被好友橫刀奪愛，把男朋友搶去，甚至還傳出要結婚的消息，讓蔡小姐相當驚訝，情緒頓時崩潰，把男友送的情書、禮物都放火燒掉，還割腕自殺，所幸被家人發現，才沒釀成嚴重悲劇。

五十一、尾端島紋、臨陣脫逃的手相

感情線若出現島紋，代表感情運勢不順利，容易遭受煩惱阻礙，但島紋出現的位置，也是值得分析的地方，雖然同樣是不利的因素，但過程與心境就完全不同，在論斷上必須要注意才好，在這裡的話，感情線有稍微彎曲的現象，但不是很嚴重，表示對感情的事情，態度容易搖擺不定，但還能夠自我節制，不過在感情線尾端的部分產生了島紋的形狀，表示有煩惱阻礙產生，而且通常是在緊要關頭，也就是要告白或求婚的時刻，發生了意想不到的變化，以致於戀情告吹而沒有結果，是屬於頭熱尾冷的類型。

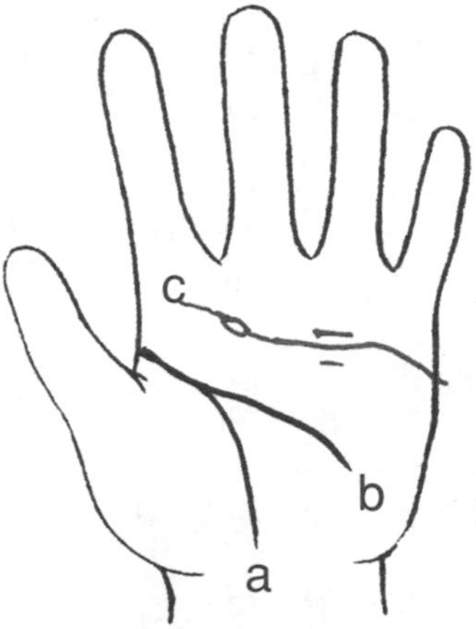

案例

關小姐，畢業後進入企業工作，希望求取上進，能有所作為，因此拚命努力的工作，終於得到同事及主管的青睞，但也因此發生情愫，私下偷偷喜歡已婚的主管，甚至幻想對方是性伴侶，就在進退兩難、快忍受不住的時候，主管被調職到海外，才結束這段沒曝光的戀情。

五十二、雙重島紋、難尋對象的手相

感情線如果紋路有問題，除了反應出不正常的心態外，也可以知道週遭環境的變化影響，從這兩個方向來判斷的話，會有一定程度的準確，特別是感情的因素跟個性與環境變化有關，是值得注意的地方，在這裡的話，感情線稍微彎曲，可以知道為人心思浮動不安，但並不是很明顯的特徵，不過由於尾端部分，感情線破爛不堪，呈現雲片狀的情形，就知道為人感情運勢不佳，通常沒有良好的結局，又感情線上出現雙重島紋，如同感情的關卡一般，就可以推斷是因為個人的因素所造成，導致感情始終尋尋覓覓，找不到適合的對象交往。

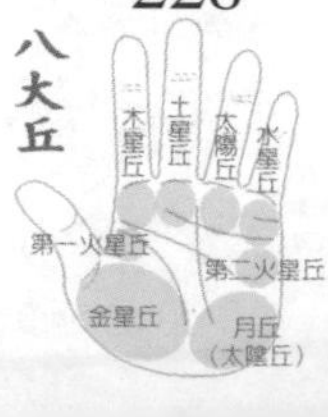

案例

郭先生，環境因素的關係，讓他的工作壓力非常大，連談戀愛的時間都沒有，好不容易有了機會，跟異性之間有了進展，變成男女朋友的時候，身體卻發生了毛病，健康方面大受影響，這也讓女方打退堂鼓，戀情就這麼告吹了，郭先生非常的懊惱，但也無法說些什麼，只希望身體趕快好起來。

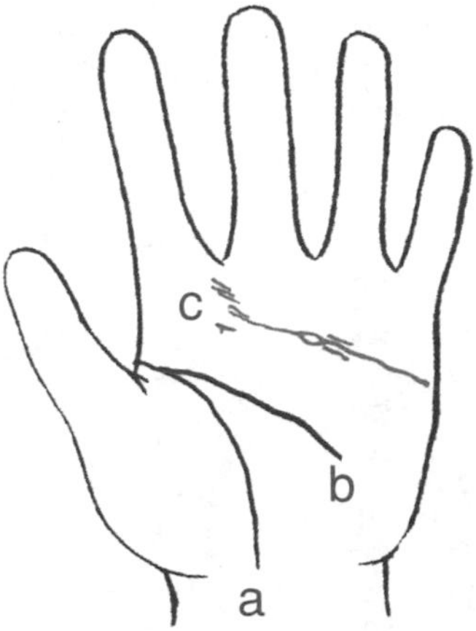

五十三、島紋阻礙、分岔風流的手相

感情線如果不是清秀的直線，那麼只要有其他的雜紋或是彎曲破裂的情況，都是為對感情的困擾阻礙，特別是感情線的開端與結尾，影響力特別的明顯，都會偏向於極端的情況，論斷上必須要仔細拿捏，在這裡的話，感情線開端有島紋出現，表示感情很早熟，但思想不是很正確，有為情所困的現象，或者有不愉快的經驗，再者，也表示自己的心胸狹窄，佔有慾特別強，所以感情交往會急躁衝動，常常因此而壞事，又紋路上端分岔，表示心思浮動，易受誘惑，有風流的傾向，越晚年越明顯，若不好好節制，恐落得孤家寡人的情況。

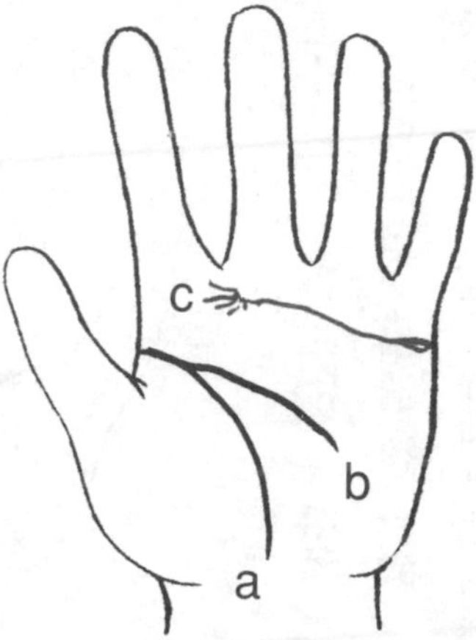

案例

莊先生，年輕時喜歡跟異性接觸，若看喜歡的話，就會糾纏對方，希望獲得對方青睞，但總是被父母責罵，所以行動都沒有成功，後來結了婚，跟老婆共同經營生意，還滿賺錢的，但老婆的弟弟好賭，輸了不少錢，結果跟自己借錢，自己非常不高興，就把氣出在老婆身上，雙方因此就協議離婚。

五十四、島紋重疊、性慾旺盛的手相

感情線可以看出個人表達情感的方式，也可以知道心裡面的想法，從如何挑選伴侶交

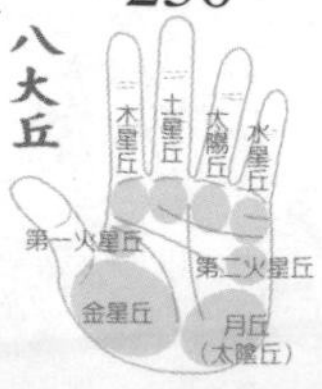

往、如何約會進行、如何溝通協商，到如何吵架，甚至分手收場，都有徵兆可以提供我們參考，在這裡的話，感情線有島紋出現，表示感情上有阻礙出現，多半是來自心裡因素，對挑選伴侶的條件，很可能有特殊癖好，特別是男女性慾方面，不是精神方面的，就是肉體方面的，又理智線由生命線延伸出，表示有自私自利的傾向，精力旺盛但無從發洩，若不加以節制情慾，恐會亂搞男女關係，而影響到婚姻與事業。

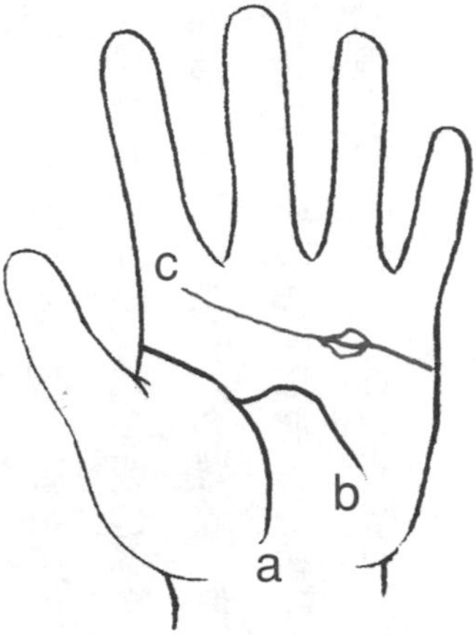

案例

宋小姐，外貌條件不錯的年輕女性，在交際應酬的場合中，跟一個公司的老闆勾搭上，很快被老闆的元配發現，但事情卻沒有鬧大，反而獲得對方默許，不過一段時間後，就厭倦對方而分開，原因是因為性慾旺盛，對方沒辦法滿足自己的緣故，後來又認識不少男性，但最後都沒有結果。

五十五、感情波折、無風起浪的手相

感情線如果清秀的話，那麼感情通常進展順利，不會有橫生枝節的情況，只要不要有破裂或過度彎曲的情況，就可以稱得上優良的感情線，但如果清秀的紋路有一點點的瑕疵，像是雜紋穿越劃過，或是過多的波浪形狀，那麼感情可就有無風起浪的情況，在這裡的話，感情線沒有太多雜紋，但是整條呈現波浪的形狀，表示心思顯得不穩定，情緒反應會比較激烈，所以發生爭執吵鬧的話，結果通常非常糟糕，多半以分手收場，又在感情線上面出現三角紋，表示有三角戀情的可能，會影響到家庭的和諧。

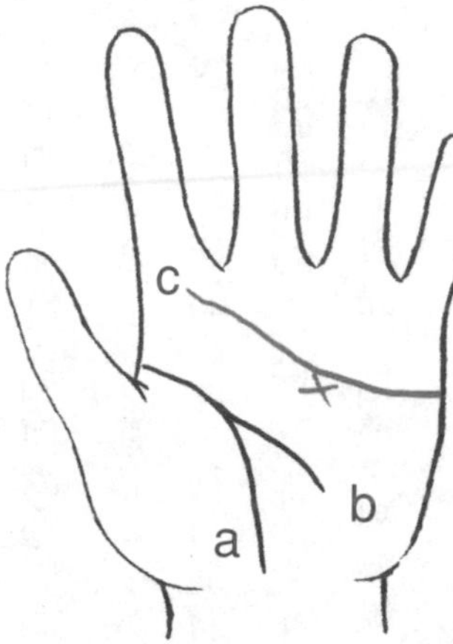

案例

連先生，感情方面很極端，好的時候很好，願意犧牲奉獻一切，當壞的時候，就會一句話都不說，擺出冷漠的樣子，若女朋友追問的話，還會破口大罵一番，讓人摸不著頭緒，因此沒多久，感情就出現裂縫，彼此協議分手，也沒交過其他的女朋

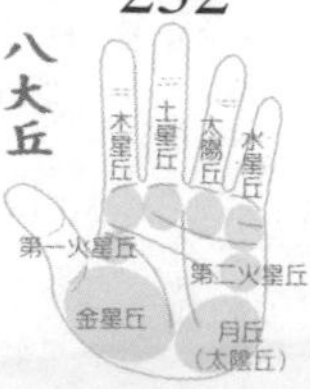

友，說是對愛情已經沒有感覺，只希望一個人能好好的過。

五十六、紋路粗闊、情緒激動的手相

感情線如果紋路較細微，表示意志不堅定，對感情缺乏信心，不太能主動追求異性，因為會比較有暗戀，或停滯不前的情況，但若紋路太過粗闊，表示脾氣暴躁，感情容易衝動行事，會想要追求異性，但多半是情慾或物質傾向，欠缺心靈的溝通，在這裡的話，感情線顯得非常粗闊，表示為人容易情緒化，脾氣難以自我掌控，好的時候很高興，會願意替另一半獻殷勤，但壞的時候很生氣，會對另一半打罵相向，所以彼此感情很容易有裂縫，久而久之，就會形成嚴重的問題，再來就是感情線尾端出現三岔紋，表示配偶身體欠安，有病逝的可能，不然就是遭逢意外災害，而有生離死別的現象。

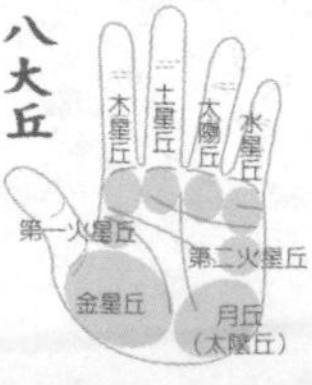

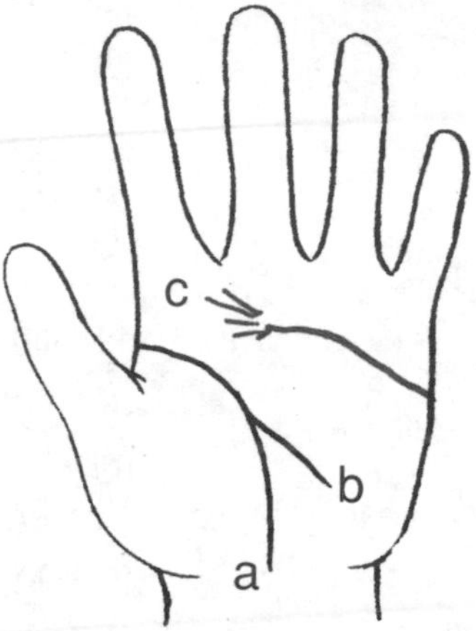

案例

蘇先生，對感情的態度天真，像個孩子遊戲一般，缺乏嚴肅的觀念，常常跟異性談得來，就向對方表白，希望能在一起，但如果厭倦的話，很快就不理睬人家，甚至還會用激烈手段，迫使對方分手，但萬物一物剋一物，最後一任女朋友，對他的心態瞭若指掌，因此他再也不敢作怪了。

五十七、品嘗自由、不願拘束的手相

感情線可以看出個人的感情觀，有的喜歡自由自在，不喜歡受到拘束，雖然能談男女戀愛，但卻遲遲不肯結婚，而有些愛得執著，佔有慾相當的強，非要跟對方相守不可，若不能如願以償，便寧可單身一人，這些都可以從感情線來判斷，在這裡的話，感情線的紋路淺薄，表示心思不夠堅定，有輕浮搖擺的現象，不太能下定決心，會不斷的更換對象交往，又理智線的紋路深長，表示頭腦很清楚，懂得規劃自己的生活，對於個人情感來說，談戀愛只是種遊戲，是生活品味的娛樂，並不會很認真看待，所以非常難安定下來，結婚成家的希望渺茫。

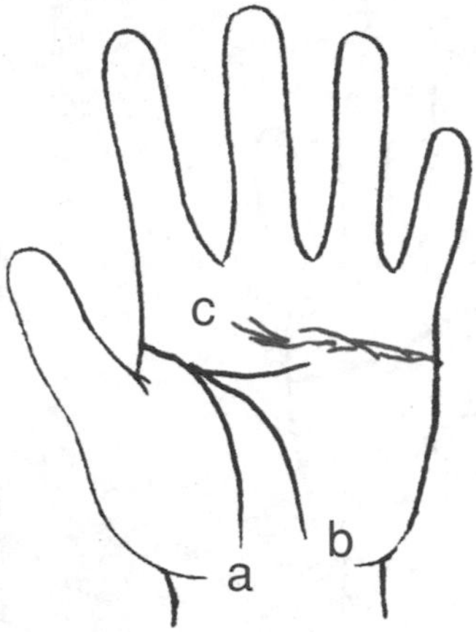

案例

梅先生，目前仍是單身一人，許多親戚朋友都問，為什麼不結婚呢？他總是隨便交個女朋友來交代，等到風聲一過，又馬上把人家給甩掉，反反覆覆好幾次後，別人也就不管他了，從此他把戀愛視為情趣，跟不少的少女同居，但是都不給予對方承諾，讓對方自行知難而退，在這種愛情遊戲中循環著。

五十八、鬱悶難耐、情緒多變的手相

感情線必須要其他的紋路配合參照，這樣才能得出客觀的推論，特別是跟理智線或者

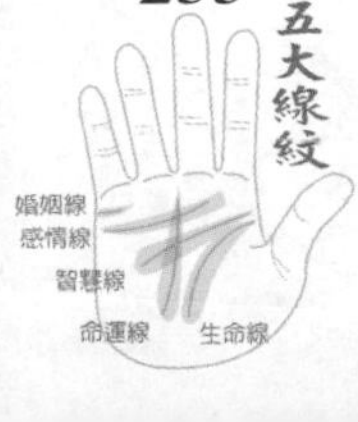

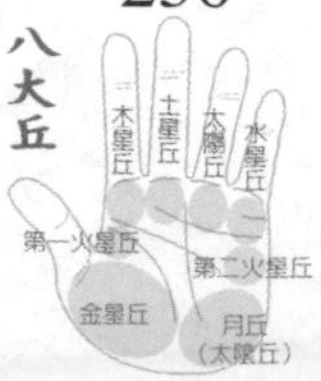

事業線有很大的關係，因為這些紋路都表示個性脾氣，或者是心裡狀態的想法，所以如果感情線有問題，其他的紋路也如此的話，那麼十之八九感情運勢多半不佳，將會有阻礙困擾產生，在這裡的話，感情線有許多破裂，表示經歷過感情創傷，不然就是婚姻失敗，而又紋路顯得雜亂，心態上會比較胡思亂想，有壓抑鬱悶的情況，情緒上不是很穩定，加上理智線彎曲向下，凡事比較天真夢幻，有逃避現實的傾向，感情問題容易演變成精神疾病。

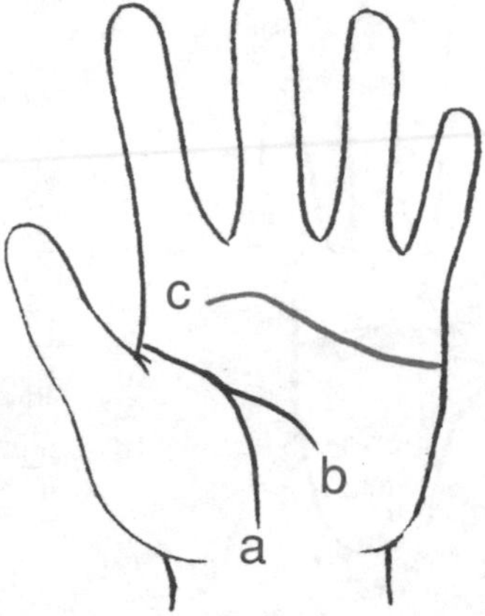

案例

蔣先生，年輕時不懂事，感情思想不成熟，只希望找到條件不錯的對象，因此就跟一位富家女結婚，但後來發現彼此個性不合，對方太過驕蠻不講理，因此就狠下心離婚，第二次婚姻，他找了小家碧玉的類型，以為從此就幸福快樂，但妻子卻什麼也不懂，只是在家享清福而已，兩人終究還是以離婚收場。

五十九、反覆無常、作繭自縛的手相

感情線如果有雙重的情況，那麼表示為人感情豐富，容易受到外在影響，心思上比較拿不定主意，有反反覆覆的現象產生，但在判斷推敲上，兩條感情線的趨勢都要考慮，不可以偏重其中一條，這樣會比較客觀準確，在這裡的話，感情線呈現雙重的情況，其中一條比較長，另一條比較短，長的感情線雖然沒有雜紋，不過尾端缺乏弧度，表示直來直往、欠缺彈性，短的感情線呈現破裂，而且有許多分岔，表示容易情緒化，跟另一半容易爭吵，感情容易遭受挫折失敗。

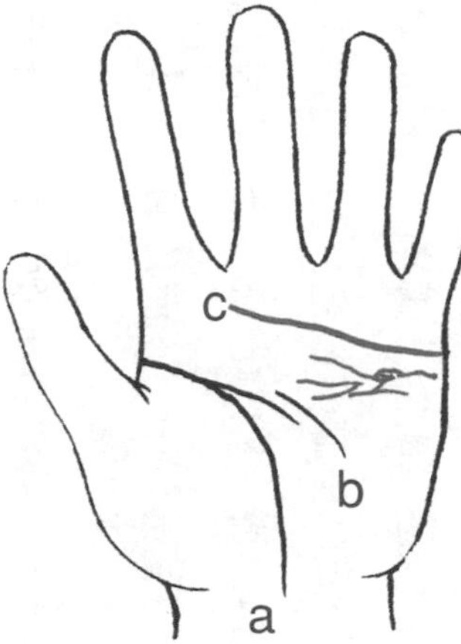

案例

詹先生，在公司擔任副理的職務，要幫主管不少的工作，是個值得信賴的助手，但是在婚姻方面，卻無法獲得配偶的諒解，處處都不信任自己，特別是自己的好朋友邀約，到外面去飲酒作樂，聯絡彼此的感情，配偶就大發雷霆，說所交往的是酒肉朋友，彼此心結漸漸加深，最後就走向離婚一途。

六十、盲目追求、疑神疑鬼的手相

感情線若有雙重的情況，對於情感的重視程度會比別人要來得明顯，表現的個性也會比較鮮明，因此如果感情線是優良的，那麼感情線將會幸福美滿，但若出現問題的話，也會顯得特別嚴重，在這裡的話，感情線呈現雙重的情況，而且其中之一貫穿全掌，表示感情異常執著，常會耿耿於懷，如果有什麼風吹草動的話，便會不高興發脾氣，跟另一半興師問罪，常鬧得不歡而散，又另一條感情線粗闊且短，表示情慾旺盛、性好漁色，容易沉迷酒色，又感情線與理智線相交，有衝動行事、不顧後果的傾向，感情路上多半坎坷，招惹桃花劫的現象。

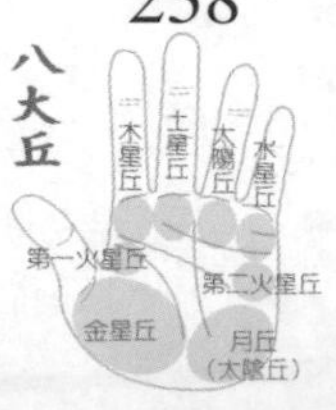

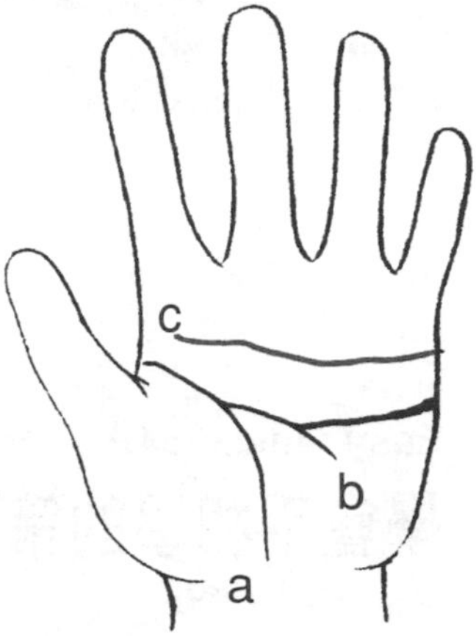

案例

高先生，受的教育程度不高，屬於草根性格，為人豪爽、大方海派，經常跟朋友聚餐聯絡，自己又經營貨運生意，總是需要到處奔波，不久就在大陸包了二奶，金錢的花用上出現問題，元配才驚覺先生的婚外情，從此就分居不來往，但彼此也沒有離婚打算，高先生仍舊不改惡習，繼續在外風花雪月。

國家圖書館出版品預行編目資料

學會手相學的第一本書 2／陳哲毅著.
－－初版－－ 台北市：知青頻道 出版；
紅螞蟻圖書發行，2005〔民 94〕
面　　公分，－－(Easy Quick : 54)
ISBN 957-0491-45-0 (平裝)

1.手相
293.23　　94011111

Easy Quick 54
學會手相學的第一本書 2
主　　編／陳哲毅
發 行 人／賴秀珍
榮譽總監／張錦基
總 編 輯／何南輝
文字編輯／林芊玲
美術編輯／林佑峻
出　　版／知青頻道出版有限公司
發　　行／紅螞蟻圖書有限公司
地　　址／台北市內湖區舊宗路二段 121 巷 28 號 4F
網　　站／www.e-redant.com
郵撥帳號／1604621-1　紅螞蟻圖書有限公司
電　　話／(02)2795-3656（代表號）
傳　　眞／(02)2795-4100
登 記 證／局版北市業字第 1446 號
法律顧問／通律法律事務所　楊永成律師
印 刷 廠／鴻運彩色印刷有限公司
電　　話／(02)2985-8985・2989-5345
出版日期／2005 年 7 月　第一版第一刷

定價 250 元

ISBN 957-0491-45-0　　**Printed in Taiwan**